爱是人生的必修课

艾弥儿 ———————— 著

中国纺织出版社有限公司

国家一级出版社
全国百佳图书出版单位

内容提要

爱是人生最重要的课题,建立并拥有美好的亲密关系是每个人最重要的心愿。关于爱情,或许你已经喝过一百碗鸡汤文却仍然困惑。本书不是给予你快速浅表的认知和说教,而是秉持认真探讨的态度,与读者深度分享关于爱的一个个主题:爱情的本质、爱的前提、爱的能力、爱情与婚姻的区别以及如何建立良好持久的亲密关系等。作者艾弥儿不是告诉你关于爱的种种答案,而是启发你对爱的思考,培养爱的能力,并结合自身实际寻找爱,体会爱,在爱中获得成长,收获幸福。

图书在版编目(CIP)数据

爱是人生的必修课/艾弥儿著. —北京:中国纺织出版社有限公司,2019.10
 ISBN 978-7-5180-6524-0

Ⅰ.①爱… Ⅱ.①艾… Ⅲ.①爱情—通俗读物 Ⅳ.①C913.1-49

中国版本图书馆CIP数据核字(2019)第168784号

策划编辑:郝珊珊　　责任校对:高　涵　　责任印制:储志伟

中国纺织出版社有限公司出版发行
地址:北京市朝阳区百子湾东里A407号楼　邮政编码:100124
销售电话:010—67004422　传真:010—87155801
http://www.c-textilep.com
E-mail:faxing@c-textilep.com
中国纺织出版社天猫旗舰店
官方微博http://weibo.com/2119887771
北京玺诚印务有限公司印刷　各地新华书店经销
2019年10月第1版第1次印刷
开本:880×1230　1/32　印张:6.5
字数:197千字　定价:58.00元

凡购本书,如有缺页、倒页、脱页,由本社图书营销中心调换

推荐序

爱情是男女之间强烈的吸引与倾慕，它既根于我们的内在本能，也是人们努力奋斗的精神动力；既是我们欢乐的源泉，也是痛苦的渊薮；既是人类生存繁衍的唯一途径，也是个体沮丧绝望的重要原因。

我国古代伟大的思想家中，要数孔子最为诚实可爱。在《礼记·礼运》中，孔子直言不讳地说："饮食男女，人之大欲存焉。"他老人家认为饮食之欲与男女之情是人最大的欲望。这两样涉及人的本能，人的味觉与爱情是动物本能的人化。孔子在《论语·卫灵公》中更沮丧地说："已矣乎！未见好德如好色者也。"译成现在的白话大意是：算了吧，像爱好美色那样爱好美德的人，我一生从来没见到过。为什么会这样呢？"好德"需要后天的熏陶培养，"好色"则出自人的本能。人完全可能缺"德"，但绝不可能无"性"，除非你已经没"命"。因此，对于我们每一个人来说，爱情婚姻实属"性命攸关"。

如此"性命攸关"的大事，中国的很多父母包括很多年轻人，甚至成年人却一直错误地认为，书本知识才需要学习，而"爱"则是"水到渠成"，恋爱就像郊外的野草，春来草自绿，何必费人工？这使得我们许多人在一生里，从来没有爱过别人，也从来没被别人爱过。他们既失去了爱别人的能力，又没有被别人爱的魅力，自然也缺乏爱和被爱的技艺。不可不说是人生最大的遗憾。

古罗马和古印度都有《爱经》，专门教给年轻人如何爱别人，以及如何赢得别人的爱。今天，艾弥儿的这本《爱是人生的必修课》，正好弥补了我们情感教育的这一空白。

该书共十五章，对爱情本质的分析极有理论深度，对如何爱人的指导极具可操作性，对于婚姻中各种问题的阐述切中肯綮，对婚恋中种种困惑的指点如拨云见日。另外，语言平易、流畅又亲切。近来常被艾弥儿的视频吸引，这本书稿连我这个老头子读起来也欲罢不能。今晚一边读一边暗中长叹：唉，要是早有这么好的指导读物，当年恋爱时一定不会那么笨，一定早就"俘虏"了自己心中的女神……

戴建业
华中师范大学文学院教授
博士生导师
古代文学学科带头人

目录

001 第一章　什么是爱情

"爱不是科学,没有放之四海而皆准的标准答案;爱是艺术,是某个人某个时刻和某个人建立了连接的某种感受,它只能被描述,无法被定义。"

009 第二章　爱情的本质

"如果我们能接受爱情的无常,当我们面对爱情中的离别、变化、失去,我们也会更坦然地接受这一切,会更容易原谅对方,放过自己;当我们在爱情中,体会那些美好愉悦的时刻的时候,我们也会愈加珍惜,但并不执着于此。"

015 第三章　爱情是怎样发生的

"我越来越觉得爱情无法解释、无法控制。就像'万事俱备,只欠东风'里的东风,你一切都准备好了,可它什么时候来、什么时候走,不是你能把握的事。对待爱情,我开始变得谦卑。"

023 | 第四章　作为动词的爱

"爱是在积极主动情绪驱使下的'给予',这种'给予'不是放弃或者牺牲,也不是以交换为目的,而是我旺盛生命力的流淌,它使我充满了快乐、欣喜万分。"

041 | 第五章　我们为什么需要爱

"当我们与另外一个人建立了真正亲密的关系,就如同我们的存在有了见证。我的身体、行为、感受、思想因为另一个人的见证和了解而存在。就如同大树倒下的声音因为有人听见而存在一样。"

一、我们生而孤独,需要与爱人建立连接
二、我们在亲密关系中成长
三、我们因为亲密关系而感到幸福

051 | 第六章　为什么说爱是人生的必修课

"上一代人结婚就是生儿育女过日子,爱情对很多人来说是个奢侈品,有互敬互爱的,也有隐忍到老的;我们这一代自由恋爱了,很多人不知道什么是爱、如何去爱,有人结婚又离婚,也有人在婚内出轨,给自己、他人都造成了身心上的伤害;我们的下一代,物质条件好了,教育得到了前所未有的重视,学英语、学奥数,琴棋书画无所不通,可是情感教育还是空白。"

059　第七章　爱的前提

"首先你是一个完整的、独立的人，一个能感受到生活乐趣的人，一个能看到世界真善美的人，一个对人类处境有着深深的关心、对悲伤有着深深的怜悯的人，才能有"爱人"的能力，给予的能力。因为你能给予对方的实际是你自己旺盛的生命力的流淌。"

一、独立是爱的前提
二、热爱生命、热爱生活是爱的基础
三、爱是一种信仰，相信是爱的开始

073　第八章　爱的能力：了解

"了解和被了解是一件很难的事情。我们生而孤独，我们感到孤独，是因为我们的感受没有人能了解，能见证。有时候万众瞩目不如一个知心爱人，因为万众瞩目你只是被看见，而知心爱人才是真正地了解你。"

一、从认识自己开始
二、两个人独处的重要时光
三、深度倾听，听到他/她的内心感受和渴望

085　第九章　爱的能力：尊重

"尊重的能力，是不轻易评判，尊重差异。差异一定有它背后的情境和原因，如果能看到和理解这些背后的东西，就不会轻易去评判，不会认为自己的想法和

做法更好，不会认为自己的价值观、人生观更正确，也不会希望对方按照自己的想法来做。"

099 | 第十章　爱的能力：关心

"爱情是对生命以及我们所爱之物生长的积极的关心。如果缺乏这种积极的关心，那么这只是一种情绪，而不是爱情。"

105 | 第十一章　亲密关系的层次

"有的人在相识相知之后，就认定对方是自己一生的'灵魂伴侣'，无论遇到什么样的艰难或者阻碍，都不会轻易分开，不离不弃；而有的关系则处于脆弱和不稳定之中，最初的激情和新鲜过去之后，就变成鸡肋一样可有可无，或者在面对外来诱惑的时候，很容易移情别恋。这是因为即使建立了亲密关系，由于两个人爱的能力不同，建立起来的亲密关系的质量和层次也是截然不同的。"

115 | 第十二章　婚姻的历史

"婚姻的最初产生是生产力与生产关系发展的产物，它更像是一种经济上的契约，而不是情感上的契约。如果我们理解了婚姻的属性，理解了婚姻与爱情、激情的区别，我们就会对婚姻抱有更切合实际的期望。也会理解婚姻、爱情、激情的统一是一个理想的状态，是需要我们付出极大的努力去达成。"

一、一夫一妻制符合人性吗？
二、婚姻的历史
三、现代婚姻、爱情、性爱的矛盾与统一

125 第十三章　婚姻到底是什么

"婚姻并不保证爱情，婚姻也并不保证幸福。即使在一段稳定的婚姻中，所谓稳定就是基于契约、基于融合、基于对安全感的依赖，和对未知的恐惧，人们不会选择轻易离开一段婚姻，即使在这样的婚姻中，爱情也是需要双方共同努力去获得和维护的。"

139 第十四章　如何在婚姻中维持良好的亲密关系

"两个人是否浪漫、关系是否亲密并不取决于这些刻意安排的"浪漫时刻"，而是取决于两个人日常相处中在每一次沟通、每一件小事情上是否互相靠近，而不是远离。"

161 第十五章　婚姻中常见问题的解决

"'四十不惑'，并不是说人到四十岁就没有困惑了，而是到了四十岁才体会到并接受了'惑'是人生常态，有些'惑'能解决，有些'惑'随着时间的流逝不再是'惑'，而有些'惑'是解决不了的，我们要与之平和相处，带着这些'惑'继续生活下去。婚姻中的问题也是一样。"

一、夫妻生活相关困惑
二、如何处理好婆媳关系
三、婚后遇到第三者如何理性处理
四、背叛后关系的修复
五、有了孩子后如何为夫妻关系保鲜

第一章

什么是爱情

> "爱之于我,不是肌肤之亲,不是一蔬一饭,它是一种不死的欲望,是疲惫生活中的英雄梦想。"
>
> ——杜拉斯

我想你能翻开这本书,你应该爱过,或者被爱过;你也许正在一段亲密关系中,也许刚结束一段亲密关系,也许在期待一段亲密关系;曾经的爱情有的清晰如昨,有的烟消云散。那你愿意和我说说吗,你觉得,什么是爱呢?

我初中的时候,总是爱看隔壁班的一个男生,他爱穿一件橙色的T恤,爱踢足球。我的眼光总是追随着他,心里总是想着他,看到橙色的衣服会觉得欢喜,看到电视里的足球比赛会想起他奔跑的样子。

三年的时间,很多次的眼神交汇,最终却没有开口说过一句话,默默地告别默默地离开。

如果三十年后的今天,我再见到他,可能也会像《一代宗师》里面的章子怡对梁朝伟一样,幽幽地说出那句:"我心里

第一章　什么是爱情

有过你。"

你也有过一个远远看过、又默默错过的人吗？你说，这是爱吗？

高中的时候，我一个人来到陌生的大城市，孤独中全部的希望就是每天收到一个朋友的来信。三年里每天一封，分享彼此生活中的每一个细节、季节交替时落下的每一片叶子、和心里的每一声叹息。没有牵过手、没有任何身体的接触，成年以后我再也没有过和一个人如此靠近的感觉。

你说，这是爱吗？

如果没有身体接触就不是爱，那林黛玉和贾宝玉的爱情故事，还有什么值得传诵的理由？

大学的时候，因为一个男生在篮球场上光着上身汗流浃背的样子，因为那硬朗的肌肉线条和黝黑的皮肤让我心动，我们就在一起了，不谈理想不谈人生，每天总是寻找一切可能的时间、可能的地点耳鬓厮磨、肌肤相亲。这是爱吗？

然后在某年某月的某一天，当我被另一个男人紧紧拥抱的时候，这种欲望瞬间变化、转移到另一个人身上。

这种在时间流逝中、感受变化中、情绪起伏中的本能亲近，是爱吗？

就像电影《红高粱》里面的"我爷爷""我奶奶"，从一个偷窥一个回眸,到高粱地里的冲动。当"我爷爷"唱起那首"妹妹你大胆地往前走啊,往前走,莫回头",十里春风、夕阳正好,"我奶奶"骑着驴,脸上绽放灿烂笑容的时候,你说,这是爱吗?

在国外读书的时候,我遇见了冰雪聪明的有故事的女同学。我们从早上七点开始聊天,直到第二天凌晨四点,眼里没有世界没有男人;我们深夜一起去新宿的成人用品店买振动棒,回到我宿舍里她对我说:"你试试,比男人好使。"

分离多年以后,我还能梦见在地铁中她的背影,然后在梦里寻觅、哭泣。

你说,这是爱吗?

我想起当年王小波写给李银河的情书:

"我把我整个的灵魂都给你,连同它的怪癖,耍小脾气,忽明忽暗,一千八百种坏毛病。它真讨厌,只有一点好,爱你。"

然后想起王小波去世以后,李银河和一位跨性别者(生理女性、心理男性)"大侠"生活了十几年,这是爱吗?

王小波说:"我很喜欢你,爱你。男孩子只能爱女孩子,可这不是因为——该死,生殖细胞,而是因为她可爱,有很多非爱不可的地方。比如说你对于我,主要是因为你可爱。我从来没有在任何男人或女人中发现这么可爱的人。"

第一章　什么是爱情

李银河说："爱情从来是超凡脱俗的，它根本不管什么阶级阶层，贫富贵贱，也不管美丑年龄，甚至使性别都变得无足轻重。"

我28岁的时候遇到我先生，30岁结婚，之后生育了两个儿子。

因为我睡眠特别轻，老大小的时候，在旁边的房间小床上睡，稍微有点儿动静，我先生就马上醒过来，然后蹑手蹑脚地走到老大的房间给他喂奶粉，哄他再入睡；老二小的时候，因为鼻腔腺体肥大（应该就是类似成人的鼻炎），呼吸不畅，晚上睡觉15分钟醒一次，需要重新哄睡。

那段最艰难的时光，为了让我睡好觉，都是我先生每天晚上主动带孩子。

时至今日，婚姻生活十二载，生活开始平淡。

有人问我，如果你先生外面有了别人你怎么办？我说不管他有没有，我都真心希望他快乐，因为这么多年，我始终记得他为了让我睡好觉，蹑手蹑脚起床去给孩子喂奶的背影。

这是恩情，是仁义，是感情的厚度。这，还是不是爱？

1929年的巴黎，萨特认识了小自己两岁的波伏娃，两人是金风玉露一相逢，海誓山盟私定终身。他们俩的誓言是，"我们之间永不说谎，永远挚爱对方，但我们永不结婚，永不干涉对方同其他人的其他爱情"。

此后余生，两个人说到做到，未婚同居了50年，彼此相爱，但也从未停止过和其他人的种种爱情。

晚年，波伏娃悉心照顾生活已不能自理的萨特；弥留之际，萨特紧握波伏娃的手说："哦，我亲爱的，我爱你！"

你说，这是爱吗？

这样的经历、这样的故事还有很多，每一个都不一样，你说，什么是爱呢？

为了回答这个看似简单的问题，我想了两个晚上没有睡觉，和两个志同道合的朋友讨论、争执到吵翻，还是没能得出答案。

我们总是希望能给事物一个清晰的定义，一个标准答案，然后安心。可是很多事情也许原本就没有定义、没有答案。

感谢你今天和我一起回顾了我们所经历的、我们所看到的、我们所听说的爱情，我们也许忽然明白：**爱不是科学，没有放之四海而皆准的标准答案；爱是艺术，是某个人某个时刻和某个人建立了连接的某种感受，它只能被描述，无法被定义。**

把这种连接和感受描写得特别美特别好的，是童话故事《小王子》。

小王子从自己生长的星球来到了地球上，遇见了小狐狸。

第一章　什么是爱情

小狐狸说：

"你驯养我吧！你驯养了我，我们之间就建立了连接。

从前，你只是一个小男孩，和其他千千万万的小男孩一样。

我也只是一只狐狸，和其他千千万万的狐狸没有区别。

我不需要你，你也不需要我。

可是如果你驯养了我，你就是全世界的唯一，我也是全世界的唯一。

我的生活会从此充满阳光。

我会辨认出一种与众不同的脚步声，其他人的脚步声，会让我躲到地下去，只有你的脚步声，像音乐一样，会让我从洞里钻出来。

你看那片麦田，我不吃面包，所以麦田对我一点儿用处也没有。

我对麦田无动于衷，真令人沮丧。

不过，你有金黄色的头发。

想想看，如果你驯养了我，这就会变得十分美妙！

小麦也是金黄色的，那会使我想起你，想起你金黄色的头发。

我会从此爱上听风吹麦浪的声音。"

所以说以上种种，是爱吗？我说是的，都是的，绝对是的，你说呢？

第二章

爱情的
本质

> "天空中没有留下痕迹,而鸟儿已经飞过了。"
> ——泰戈尔

如果爱被描述为某个人某个时刻和另一个人产生连接的某种感受,那么爱就不是静态的,是动态的;不是恒定的,是变化的。爱有世间万物共有的特征:无常。

经常有人问我:"我是该找个爱我的人结婚呢,还是该找一个我爱的人结婚呢?" 这里面有一个假设就是爱是不变的。结婚前爱我的人结婚后也会爱我,结婚前我爱的人结婚后我会一如既往地爱他。

经常有人跟我抱怨:"当初他说会一直爱我的,可是为什么他却爱上了别人?" 这里面的假设也是爱应该是不变的。

这种类似的困惑都是因为没有理解爱是无常的这个特性。为什么爱是如此无常呢?

首先爱的主体是人,爱的对象也是人,而人就是不断发展

第二章 爱情的本质

变化的。英文里叫Human being,我觉得更容易理解的说法可以是Human becoming。我们在不断地"成为"我们,"成为"一个人。

在孩子身上这个特别好理解,你看着他从一个嗷嗷待哺的小婴儿成长为一个活泼好动的儿童,再成长为一个玉树临风的少年。这种身体的变化让我们非常清楚地看到他已经成长了、变化了。即使我们偶尔还能从他身上找到小时候的影子,我们心里也清楚地知道他已经不是那个曾经被抱在怀里的小宝宝了。

成人其实也是一样,我们每天见到的人、经过的事、听到的声音、感受到的感受,都让我们不断地发展变化,成为一个不一样的人。

既然人是不断发展变化的,那么你三年前爱上的那个人,甚至是你三个月前还爱着的那个人,到了今天早上,也许已经是一个不太一样的人了。而你亦不再是原来的你了,那你们两个之间的爱情,有什么理由还一定要完整如初呢?

爱情中免不了互相许诺"我永远爱你"之类的话,我相信在那一刻大多数人是那么想的,但人并不是一个理性、稳定的个体,而是感性的、情绪化的人。即使心理学和其他科学发展到今天,也无法解释我们的每一个念头、每一个情绪到底是从何而来、因何而生。我们从理性上选择的对象,我们在某一时期选择的认为彼此的感觉可以一直持续下去的对象,也许突然有一天这种感受就变化了。

其次,**我时常想时间其实并不连续,人生就是由一个又一个的瞬间、时刻、Moment组成的**。有些时刻看上去没有在物理世界中或者是在我们的身体上留下痕迹,但它一定在我们的心理世界留下了痕迹。也就是说经历过那个、那些时刻之后,我们已经不再是原来的我们了。就像泰戈尔的诗里说的:"天空中没有留下痕迹,而鸟儿已经飞过了。"

如果我们把两个人之间的爱情也放在时间里拆开来看,它是不是也是由一个又一个的时刻组成的呢?在某个、某些时刻,你看到对方、想到对方、触碰到对方会感到愉悦,你觉得这是爱,是不是也有一些时刻,没有这份愉悦呢?

是不是也偶有一些时刻,我们遇到一个新的人,也会心动,也会产生这种愉悦的感受呢?我们似乎把在某一个时间段里和某一个人在一起产生愉悦最频繁最强烈最舒服的状态称之为爱情,但细细想来,这里面竟也有不爱的时刻、甚至也有爱上别人的时刻。在这时间长河里的爱情是不是难逃无常的命运呢?

第三,爱情从来不是两个人之间的事情。人都是社会人,没有人能与世隔绝地生活,两个人的关系也会受到双方与其他人关系的影响。

最直接的是其他异性的影响和吸引力,所以很多爱情都是

第二章　爱情的本质

因为有了第三个人的出现而变化。这不是可预期的，而是充满了不确定性的。你不知道什么时间什么地点遇到一个什么样的人，你会和他建立一段超越你目前亲密关系的关系。

还有两个人身边人的影响，比如说父母和亲朋好友。我们对一个人的看法或多或少会受到身边人的影响。在一些特殊的社会时期，两个人的关系还会受到一些社会因素和大环境的影响，比如说：阶级、战争、某项社会运动。整个社会的价值观导向或者大环境所产生的不可抗力会影响两个人之间的爱情。

所以说爱情和其他人间事物一样，本质是无常、是变化。

如果我们能接受人生的无常，那当我们面对人生的生老病死的时候，我们会更坦然地接受。当我们健康地活着、和亲人在一起的时候或是体会人生中那些美好时刻的时候，我们会愈加珍惜，但不执着于此。

同样的，如果我们能接受爱情的无常，当我们面对爱情中的离别、变化、失去，我们也会更坦然地接受这一切，会更容易原谅对方，放过自己；当我们在爱情中，体会那些美好愉悦的时刻的时候，我们也会愈加珍惜，但并不执着于此。

第三章
爱情是怎样发生的

> "坠入爱河可不关重力的事儿。"
>
> ——爱因斯坦

科学总是试图解释一切。解释清楚了会让我们觉得这个世界是可控的、安全的。所以科学要研究爱情是怎样发生的。

生物医学研究发现,爱情和多巴胺的分泌有关。那么如果能让对方见到你的时候身体有生理唤醒、分泌这种多巴胺,并相信这种感觉是来源于你,他就会觉得自己爱上了你。

有一个著名的实验是这样的:公园里有一个狭长、危险,并不断晃动的吊索桥,每个从桥上通过的人都会情不自禁地感到紧张和兴奋,或许还夹杂着恐惧。

实验组会派出美丽的女性去会见公园里只身一人的年轻男性(年龄在19~35之间),会见的情境有两种:一种是在可怕的吊索桥的中央,一种是在公园里另一处又宽又稳的石桥中央。她们会邀请这些男性看一张图片并据此编出一个故事。

第三章　爱情是怎样发生的

实验组对男性被试者所编故事的性想象力进行了评分，发现位于摇晃危险的吊索桥上的男性的性想象力要强于安稳石桥上的男性。此外，这些吊索桥上的男性后来更有可能往问他们问题的女性家里打电话。也就是说这些女性对他们更有吸引力，他们更容易爱上这些女性。

实际上，这是一种典型的错误归因。被实验者把吊索桥所引起的生理唤醒多巴胺分泌归因到采访他们的女性身上。

我们生活中也有这样的例子，假期里你和几个朋友去郊游，泛舟湖上，阳光明媚，青山绿水，身心愉悦。然后你看到同行的一位女生静静地看着湖水，面带微笑，阳光洒在她身上，她转身遇到你的目光，对你一笑，你感受到前所未有的喜悦，忽然觉得爱上了她。这种愉悦感受也许部分归因于悠闲假日和优美风景带来的感受。

等你回到了城市里，每天挤一个半小时的公交车上下班，在公司里被工作压力压垮，被老板客户挑剔，回到家里看到对方蓬头垢面，吃了一碗泡面躺在沙发上追剧的时候，忽然发现没有原来那种爱的感觉了。

因为情境变了，那些让你愉悦的其他原因没有了。

人总是情境下的人，很多时候我们无法分辨，无法确认，在某一个情境下，在人生的某一段日子里，到底是什么让你愉悦，或者说你爱上的到底是什么？

演化心理学对爱情的发生有不同的解释。这种理论认为：从古时候开始，繁衍是人类的本能。所以男人找女人和女人找男人时，都会选择能让自己的基因有更大的可能性传递下去的对象。男人喜欢年轻健康的女性，因为和年轻、健康、能生育的女人结合更可能成功地繁衍下一代；女人喜欢能在她们漫长的孕期和哺乳期为她们遮风挡雨、能让她和她的孩子安全和吃饱穿暖的男人。

这是漫长的人类进化过程中保留下来的，所以时至今日，男人更容易爱上年轻貌美的女人，女人更容易爱上事业有成、经济条件优越的男人。

于是女人不遗余力地去美容健身留住青春容颜，男人努力奋斗赚钱买车买房。

我觉得，这种现象与其说是长期进化过程中保留下来的繁衍本能，不如说是现代资本主义社会中人的物化。

在一个商品社会中，每个商品都有其价格；在商品社会的每笔交易中，每一个人都在追求利益最大化。当逐利成为这个社会多数人的目的的时候，人就成了逐利的工具。

人不再是那个活生生的、不断成长变化的、有快乐也有莫名忧伤的人，而是一个由外在条件定义的人。

第三章 爱情是怎样发生的

爱情变成了一场交易。

我爱你,因为你美丽;我爱你,因为你富有;我爱你,因为你让我身心愉悦;我爱你,因为你让我成为更好的自己。

怎么听都是功利主义的味道。当我不再美丽、不再富有、不能让你愉悦、不能让你成为更好的你自己的时候,你还爱不爱我?

那么,当你说你爱我的时候,你到底为什么爱上我?

关于爱情是如何发生的,我想说一段我自己的亲身经历。

在东京读语言学校的时候,有一个隔壁班的男生,我们同住在学生宿舍。

九月份的某一天,我和一个朋友在我房间里聊天,宿舍门开着,他正好路过,就在门口跟我们笑着打个招呼。当时他穿着一件耐克的灰色圆领半袖T恤、牛仔裤、运动鞋,双臂舒展伸开抓着门框,双腿随意交叉站在门口。那一瞬间,没有发生任何事情,我就爱上了他。

然后他就成了我的男朋友。

十一月下旬的一天,学校组织大家去迪士尼乐园,约好早上八点在新宿地铁站的某一个出口集合。然而新宿车站实在是太大了,我没有按时找到那个出口。

大概八点二十分,我终于到达集合地点的时候,远远看到他在一辆大巴车旁边站着。我们一起上了车之后，我说，你怎么在下面站着呀？他说你要是不来，我肯定一直等你，不去了啊。我觉得很感动。

我们在迪士尼乐园里度过了愉快的一天，晚上九点开始看焰火表演。我特别喜欢看焰火表演，每次看都会感慨人生如此绚烂。

我仰头看焰火，看了一会儿，我转头看身边的他，焰火的光映在他的侧脸上，那一瞬间，没有任何事情发生，我就不爱他了。

莎士比亚说："最重要的，是对自己内心诚实。"诚实地说，爱情确实在九月的某一天来了，在十一月的某一天走了。

我也不知道爱情是如何开始的，如何离开的。

你或许会说我那时候太年轻，不懂得自己，更不懂得爱情。我觉得年轻时候的自己，觉得未来有很多种可能性，爱情中没有目的，没有利弊权衡，所以才能忠实于自己内心的真实感受，任之来去无踪。

多年以后，我看到一段高晓松离婚的报道，高晓松解释离婚原因的时候说，有一天，我看着她，忽然发现自己不爱她了，就离婚了。

我觉得特别理解他。

第三章　爱情是怎样发生的

我读了很多关于爱情和亲密关系的书，开始的时候，每读完一本我都认为我对爱情有了新的认识和理解；后来的时候，我越来越觉得爱情无法定义、无法解释、无法控制。就像"万事俱备，只欠东风"里的东风，你一切都准备好了，可它什么时候来、什么时候走，不是你能把握的事。

对待爱情，我开始变得谦卑。

可是，如果我们知道爱情的无常，难道我们就不能好好爱了吗？如果我们知道我们一定会死去，难道我们就不好好活着了吗？

第四章　作为动词的爱

> "真正的英雄主义只有一种,就是在认清生活的本质之后,依然用力生活、用力爱。"
>
> ——罗曼·罗兰

在我认识的人里,我喜欢某个朋友说的那句话:"当你觉得这个世界上没有人爱你,那就请你去爱别人!"

在这里,爱是一个动词,是一种态度,一种选择,是一举一动。

对于一个名词,因缘和合而成,有始有终,变化无常,难以把握,不必执着;对于一个动词,人是行动的主体,人是可以选择的主体。

这里首先涉及的是人是不是拥有选择的权力。

有人会感慨人生在世身不由己,有人相信一切都是命运的安排,这种完全宿命论的观点否定了人的自由选择权。如果否定了人的自由,就豁免了人的责任,那么我们整个社会建立的法律规则、道德根基都将被动摇。如果人的行为不是他自主选

第四章　作为动词的爱

择的，我们如何要求他为自己行为的后果负责呢？就像一个输入了固定程序的机器人，如果机器人伤害了其他人，我们是无法要求它负责任的，也无法从道德上指责他，从法律上惩罚他。

有人会认为生活在社会中，我们自然会受到很多的约束和束缚。

的确，人没有百分之百选择的自由，自由从来都是相对的，至少一个人的自由要以遵纪守法、不干扰他人的自由为边界。但在相当大的范围内，人是有选择的自由的。即使在相对极端的情况下，人的自由受到较大幅度的限制的情况下，人仍然有一定限度的选择的自由。

比如说加缪笔下的西西弗斯，触犯了众神，被众神惩罚，每天辛苦劳作推一块大石头上山，推到山顶之后石头又会滚落到山脚下。西西弗斯重新推，石头重新滚落，周而复始，永无止境。这是他无法改变的惩罚和命运。他无法改变命运，但可以选择自己对待命运的态度，他可以选择用蔑视的态度面对这命运的荒谬。并因此而赋予自身某种程度的自由和人生意义。

比如说维克多·弗兰克尔，著名的心理学家，在二战纳粹时期，他作为一名犹太人被关进了奥斯维辛集中营，这个集中营也被称为死亡工厂。他在经历了种种磨难之后，奇迹般地幸存了下来，而且活得很长，在80岁的时候还登上了阿尔卑斯山。

弗兰克尔写了一本改变了无数人的人生的畅销书《活出生命的意义》，其中在描写集中营的生活时，苦难并没有占据过多的篇幅，甚至可以说是轻描淡写，更多的是描写了在这种极端艰难的生存环境中的一些有意义的事情。

比如说，当筋疲力尽的人群某一天在操场上看到落日晚霞的时候，发自内心的感叹：世界太美了！

比如说，他自己对于新婚妻子的思念，即使意识到同在集中营里的妻子很可能已经不在人世了，回忆依然生动真实，曾经存在过的爱超越身体和时空依然存在着。

比如说，因为有个犯人偷了一块面包，面对纳粹交出这个犯人的要求，2500名犯人在极度饥饿的情况下，宁可接受挨饿一天的惩罚，也没有供出这个犯人的事情。

弗兰克尔说："如果苦难是我们不得不承受的，我们可以以令人尊敬的方式承受痛苦。"他所传递的就是在任何环境下人类都有自由意志，都有选择面对苦难态度的自由。

以上两个例子可以看出，即使在极端受限的情境下，人仍有选择的自由。那么我们作为生活在一个文明社会中的自由人，相信人有选择的自由，这相对于宿命论是一个更积极和合理的态度。

第四章 作为动词的爱

所以我说：人是行动的主体，人有选择的自由。人因为选择不同的行为而成为不同的自己。

萨特说："存在先于本质。"每个人都有选择的自由，人通过他选择的行为，成为英雄或者懦夫。也正由于人的行为出于自由选择，所以人要承担责任，不但对行为的后果负责，而且对自己成为什么样的人负责。

这是关于"我爱你"这句话中的主语"我"的探讨。我是主语，我可以选择去爱。爱是行动，离开爱的行动是没有爱的。

如果爱是一个动词，对于爱是什么这个问题，我们可能就需要用其他某个或某几个动词来解释它。在解释之前，我想谈谈"我爱你"中爱的这个对象"你"。因为这个对象的性质决定了我如何爱"你"。

在情感咨询过程中，我经常遇到的问题是，有些人觉得我没有办法爱上一个人是因为我还没有遇到对的人。也就是说，爱是一个对象问题。

我期望中的对的人应该是性格开朗大方，穿着得体，善解人意，会关心我的感受和心情，同时有自己独立的事业，对待老人要孝顺，对待孩子要有耐心，等等。

在这种预期之下，如果我遇到了和我预设的模板完全吻合的人，我自然会爱上他，并且愿意和他走入婚姻，建立一段长久稳定的亲密关系。

在遇到他之前，可能我也会对其他类型的男人动心，但我不会投入太多的情感，因为我知道这段关系不会长久，我也不想让它长久，因为它没有满足我的需求。

即使遇到了对的那个人，我希望他一如既往地如我所愿，如果我发现在相处过程中，在某些情境下，他有不符合我期望的举动，或者在相处一段时间以后，他身上发生了一些变化，不再是原来的他了，我就会充满失望和沮丧。甚至时常会想到要不要离开他，去寻找一个更符合我期望的人。

有这种期待的人往往会陷入一直在寻找，一直在失望的循环之中。因为他没能理解和尊重我爱"你"的这个"你"作为一个人的复杂性。

首先，你爱的这个对象作为一个人，他有很多的面相和可能性，一个人比他所展现出来的要复杂的多。而你所感知到的那个他，又是掺杂了主观看法和期望的，就像被滤镜过滤之后一样，已经不是原来的样子了。

我们每个人在看一个人和一件事情的时候，都不知不觉中会用不同的滤镜，这个滤镜和自己的经历、期望、偏好、利益、立场都有关系。我们会用这个滤镜过滤掉很多信息，留下我们期望留下的那部分。

第四章 作为动词的爱

所以这种把预期的模板和某一个人匹配的行为,很难精确和成功。

其次,这个对象他不是一个静态的人,他是一个发展变化中的人。今天你爱的这个人,三个月以后、三年以后是什么样子,你并不知道。对这种变化你要有充分的准备和开放性。

而且很重要的一点是我们在关系中发展变化。这是两个人互动的结果。

我们身边会看到很多例子,一个男人和一个女人在一起的时候,被这个女人描述为懒惰、自私、不懂得关心人;可是当这个男人和另外一个女人在一起的时候,这个女人眼中的同一个男人却是勤奋、体贴的。

所以一个人或者一段关系,都不是静止的,而是动态的、有机的。我们不是找到一个对象,找到一段关系,而是我们和某一个对象一起构建一段关系,在这段关系中,我们不断地成为什么样的人。

第三,你爱的这个对象作为人,他是他所有行动和感受的总和,而不是他身上所有标签的总和。她不是一张漂亮的脸庞,也不是一份体面的工作;他不是一张博士学位证书,也不是名片上的那个头衔带来的权力。

我们如何感知和看待别人,和我们如何感知和看待自己有关。如果有人问"你是谁",或者我们自问"我是谁"的时候,我们通常想到的是自己的角色,比如说我是两个孩子的妈妈,我是某某公司里的某某职位;或者是其他人用一些形容词给我们贴上的标签,比如说我是一个漂亮的女人,我是一个对工作负责任的男人。

我们很少会回答:

"我是一个曾经只有喝酒才会开心,现在即使不喝酒,看到陌上花开也会开心的人。"

"我是每天早上骑自行车上班,看到春天叶子长出来,充满生命力,夏天叶子变成深绿色,阳光从叶子中间照进来,秋天叶子变黄,被风片片吹落,在季节的轮回交替中,感觉生活充满希望的人。"

"我是一个在江南的下雪天,立在窗前,看一下午雪花纷飞的人。"

"我是一个身体有强大记忆的人,我感受过爱人身体的温度,就会时时刻刻想起和渴望这种体温。"

我们不是一个静止的角色和标签所定义的人,我们是动态的、时刻发生着的行动和感受的总和。

很多心理学研究都有记载,经历过死亡(有过濒死体验)或者人生重大变故的人,会突然改变对生活和对自己的看法,会觉得曾经追求的名利是身外之物,而自身每天所做的、所感受的才是我们唯一拥有的。

如果我们这么感知和看待自己,我们就会如此感知和看待别人。不会把爱的对象标签化、物化。

第四,他是他自身的目的,而不是任何其他人其他事物的手段。

一个典型的案例是,一个男人对一段亲密关系不满意,是因为他自己是一个性格内向、沉默寡言的人,他特别希望女朋友是一个外向活泼、充满活力、有比较广泛的社交圈子的人,这样可以缓解他的沉闷单调,可以带动他一起参与各种聚会活动,可以让两个人的生活充满活力。可恰恰女朋友也不是这样一个活泼好动、社交广泛的人,于是他就觉得对这段关系不满意。

很显然他把女朋友当成了一个功能,希望她能提供给自己期待中的社交生活,如果她具备这个功能,满足了他的需求,那么他就会爱她,反之他就无法全心爱她。

另一个典型的例子是,当一个男人和一个女人生活在一起以后,就会觉得对方无论在身体上还是情感上的吸引力都会下降。因为距离近了,就会看到女人身上各种的不足和小毛病,比如说鼓起的小腹、不够丰满的胸部,脸上的皱纹和斑点,比如说因为了解彼此的过去之后,再也没有了神秘感和新鲜感。

这也是典型的把对方当成一种物体、一种有限的、易损耗的资源的感知方式。一旦青春美感和神秘感日益减少和消退，对方就不如初见时那样美好和有吸引力。

所谓爱的对象是他自身的目的，而不是你或者其他任何人任何事物的手段，就是说他不是满足你需求的一个功能，一个资源。

你爱他不是因为他带给你身心愉悦的感受，不是因为他能给你提供岁月静好的生活，不是因为他能让你成为更好的自己。他不是你实现这些意图的手段。

当然有可能在你们的关系中你感受到了身心愉悦，岁月静好，你成为了更好的自己，那是自然而然的两个人互动的结果，而不应该是你爱他的原因和目的。

说明了"我爱你"中的主语"我"和对象"你"，现在我们来谈谈"爱"这个动词的几个含义。

我个人非常认同的对"爱"作为动词的解读来自弗洛姆。

如果不能超越，只能借鉴。在此我接下来要表达的是弗洛姆关于"爱"的观点。

首先，**爱是积极主动的情绪，而不是消极被动的情绪。在这种积极主动的情绪推动下，爱体现为"给"而不是"得"。**

"积极主动的情绪"与"消极被动的情绪"之间的区别

第四章　作为动词的爱

是什么？积极主动的情绪是一个人主动的选择，在这种选择下他的行动是自由的。他是情绪的主人。比如说：因为我爱你，所以我主动地、自愿地做一些行动。这是一种由内驱力驱使做出行动；而消极被动的情绪是被恐惧、嫉妒、贪婪等情绪支配的，比如说：我做出爱你的一些行动，是因为我害怕失去你，我想要你给我更多的爱或者回报。这种行动是受外力驱使的。（斯宾诺莎《伦理学》）

在积极主动的情绪驱使下的"给"，不会被解释为"放弃"或者"牺牲"，也不是以交换为目的。我通过我的"给"，"我才能体会我的力量、我的富裕、我的活力。体验到生命力的升华使我充满了快乐。我感觉到自己生气勃勃，因而欣喜万分。'给'比'得'带来更多的愉快，'给'不是一种牺牲，而是因为通过'给'表现了我的生命力。"（弗洛姆《爱的艺术》）

这里我想顺便谈一下忠诚的问题。

这个词是在爱情中被提及比较多的一个词，有些人认为忠诚是爱情以及婚姻必备的。这种忠诚如果是发自内心的，主动的，或者用上面的话说是"积极主动情绪下的"，那自然是与爱相关的。

如果忠诚不是积极主动情绪驱动的，而是因为消极被动的情绪驱动，比如说害怕失去，害怕背叛，比如说嫉妒和贪婪。或者是因为外在的力量或规则驱动的，比如说整个社会对于婚姻的看法，道德的看法等，比如说不忠诚可能带来的名声上、经济上的损失等，这种被绑架的忠诚其实与爱无关，可能与需求和欲望有关，与得失利弊有关。

在"爱"作为一个动词，可以理解为是一个人在积极主动的情绪驱动下的"给"的前提下。我们来说一说"爱"可能会包含的几个行动。

1.了解

著名编剧廖一梅说过一句话："每个人都很孤独，在我们的一生中，遇到爱，遇到性，都不稀罕，稀罕的是遇到了解。"

为什么了解这么难？因为每个人都是独立的个体，有自己独特的感受和体验。语言可以表达出部分的感受和体验，但不是全部。每个人对同一个词的理解都不一样。有人跟你说"我冷"，你只能理解到你感受过的"冷"，有人跟你说"我疼"，那你也只能理解到你体验过的"疼"。这是语言的局限性，这种局限性导致了一个人很难百分之百地了解另外一个人。

放下语言的局限性，人很难了解另一个人是因为如我之前所说的，人是不断发展变化的人，你了解的也只是当下的这个人。

真正要去了解一个人，需要有足够的好奇心，足够的耐

第四章　作为动词的爱

心，足够的同理心，足够的感受力。在我们匆匆忙忙的生活中，这是一件很难持续的事情。

在我们初相识相恋的时候，我们可以说话到天明，说童年养过的那只猫，说第一口巧克力的滋味，说初中隔壁班的女孩，说高中无时不在的压力。说我们读过的书，走过的路，认识的人，说我们是如何成为今天的自己。一段时间以后，我们觉得互相了解了，就没有了这种交流。

有时候我们会忽然觉得彼此陌生，因为我们已经很久没有试着去了解对方了。

了解很难的另一个常见原因是我们非常容易形成对一个人的刻板印象，形成之后又很难改变。

一个典型的心理学实验可以很好地说明这一点。实验对象是几个一切正常的大学生，实验组织者把他们送进精神病院并告知精神病院的医生，他们是被确诊的精神病患者。之后这些大学生们想办法向医生们证明他们是正常人，不是精神病患者，尝试了种种方法都无法成功。

让我们进一步想一想，如果你被送进了精神病院，你如何证明你是个正常人？恐怕很难，因为无论你说什么做什么都很难改变医生已经先入为主地认为你是病人的刻板印象。

在生活中这样的例子也很多。我自己也遇到过。我在做视频节目的时候风格是比较温文尔雅的，所以很多人见到我之后就会认为我是个温文尔雅的人，无论我怎样试图解释我不是，也无法改变他们的认知。

了解和被了解是一件很难的事情。

我们生而孤独，我们感到孤独，是因为我们的感受没有人能了解，能见证。

有时候万众瞩目不如一个知心爱人，因为万众瞩目下你只是被看见，而知心爱人才是真正地了解你。

2.尊重

之前我们说过：人是自己的目的，而不是任何人任何事的手段。所以爱一个人，就要尊重他原本的样子，尊重他自己的目的，而不是让他成为你的或者任何事物的手段。

比如说，你希望你爱的女人更漂亮，身材更好一些，为什么呢？因为她更漂亮或者身材更好会更赏心悦目，是赏你的心，悦你的目，她就成了你赏心悦目的手段。如果你觉得她外貌更出众一些，带出去有面子，那她就成了你获得面子的手段，而不是她自身的目的。当然如果她自己想更漂亮一些，身材更好一些，那是不一样的。

比如说，你希望你爱的男人更上进一些，找个更体面的、收入更高、社会地位更高的工作。为什么呢？因为这样你的生活水准会更高，你们的孩子可以上更好的学校，你父母生病的时候可以去看更好的医生。如果他自身并没有主动地这样去想去做的话，那他就成了你实现这些意图的手段。

尊重是尊重一个人有他自己的目的和节奏，不会把自己的想法和做法强加于对方。

尊重是尊重彼此的差异。无论是三观的差异，还是生活习惯的差异。不期望对方变成你理想中的样子。

3.关心

如果说一个人是他所有行动和感受的总和，那关心一个人就是关心他的行为和感受，他的心情和情绪。

经常有人问我不知道怎么和女孩聊天怎么办？我性格内向，不知道说什么怎么办？结婚久了，两个人之间没有共同语言了怎么办？

我想如果你把对方看成是一个活生生的、有血有肉有感情的人，如果你真的关心这个人，你自然会关心他每天做了什么，心情是好是坏，是不是有压力，是不是有悲伤，是不是感到孤独，是不是力不从心。

这跟性格内向还是外向有什么关系呢？这跟共同语言有什么关系呢？共同语言是两个人创造出来的，不是超市里买回来的，更不是天上掉下来的。

我看到过一句话说，"真正的亲密，是情绪可以在两个人之间自由流淌"。我觉得是有一定道理的。

关心的第二层含义是关心对方的成长，因为一个人是不断发展、变化、成长的。

有孩子的会对这个有比较具象的体会，孩子小的时候，你关心孩子是不是吃饱穿暖，是不是好好学习天天向上；孩子大一点的时候，你关心他是不是有自己的兴趣爱好，是不是有自己的梦想。你也会尽自己所能去支持孩子的成长。

成人也是一样，成人只是身体相对成熟了，可是精神上一个人终其一生都在发展和成长，都在成为一个更完善的人的路上。关心一个人就是关心他的成长，支持他的成长。

2019年初，世界首富亚马逊总裁贝佐斯宣布结束25年的婚姻生活，他的前妻在访谈中谈到当年支持贝佐斯创业的时候说："在我看来，能看着你的伴侣，看着你爱的人踏上冒险之旅，还能身在其中，还有什么比这更棒的吗？"我很喜欢这句话。这是以一种积极的情绪关心一个人的成长、陪伴一个人的成长最好的解读。虽然婚姻在25年之后结束，如我之前所说，爱充满了不确定性，周围也充满了诱惑，但正如贝佐斯离婚宣言中说的：如果回到25年前，我还是会选择和你在一起。这样的婚姻谁能定义它是失败的呢。

第四章　作为动词的爱

我们把作为动词的"爱"解释为是一种积极主动情绪驱动下的"给","给"不是放弃、牺牲和交换,"给"是自身生命力的流淌和升华。

基于"我爱你"的"我"是一个具有主观能动性的,可以选择自己的行动的,并因为自己选择的行为不断塑造自己的主体;"你"是一个不断发展变化的,有流动的情感情绪的,以自身为目的的主体。"爱"包含的行为有:了解——把对方作为一个动态的、不断发展变化的人的动态的了解;尊重——把对方作为自身的目的,而不是实现任何人、任何事的任何意图的手段的尊重;关心——关心对方情感情绪的流动,以及对方的不断完善和成长。

第五章
我们为什么需要爱

> "没有一种关系可以消除孤独感。但孤独感可以被共享，爱能够弥补孤独带来的痛苦。"
>
> ——欧文·亚隆

一、我们生而孤独，需要与爱人建立连接

我们生而孤独，需要与爱人建立连接。我从三个角度来说明这一点。

第一，从分离焦虑的角度来说，我们还在妈妈肚子里的时候，和妈妈融为一体，你中有我、我中有你，我们感到安全和满足。我们出生之后，慢慢成长，慢慢意识到和母亲的分离，和世界的分离。开始有了独立的自我意识，开始有了一个人面对世界的压力和孤独。于是我们终其一生都在寻找与另外一个人的连接。

有人用一种很浪漫的说法来说明爱情：我们终其一生要寻找的，就是小时候妈妈看我们的那种眼光。

第五章　我们为什么需要爱

《圣经》里面上帝看亚当孤独，于是用他的一根肋骨造出了夏娃，所以男女需要相爱相守、合为一体，才能找到完整的自己。所以《圣经》里说：人必离开父母，与配偶结合。这是对《圣经》里关于孤独、关于男女结合最浅显的理解。

弗洛姆在他的《逃避自由》中是这样说的：

"孩子在这个世界上诞生，逐渐意识到自己是孤独的，是与其他人彼此分离的存在。这个与个体分离的世界，相较于个体自身的存在来说，具有压倒性的力量，经常让人感到危险和受到威胁，从而产生了无助感和焦虑。只要个体仍然是这个世界中无法分离的一部分，只要个体没有觉察自身行为的可能性与责任，个体就不需要害怕这个世界。当一个人成为独立的个体时，就要孤独地站立，面对你这个世界所有的危险和强大势力。"

第二，从人是社会人的角度来说，我们需要一种归属感，需要属于某一个群体，需要在社会关系中逃避与生俱来的孤独。所以我们属于某个家庭、某个组织、某个国家。我们愿意臣服于其中的规则，即使是压抑本性的规则，也不愿意被群体驱逐。

在日本经济危机的年代，很多中年男人因为失业而自杀，并不是因为没有生计无法生存，而是因为在终身雇佣制的体制下，人们已经把自己归属于某个企业或组织，当被这个企业或组织驱逐的时候，人们无法承受这种无归属感、这种连接的切断，无法承受这种孤独。

故国、故乡也是一样。我们需要感觉到我们属于某一片土地，那是我们的根。否则我们会觉得一世漂泊无依，孤独终老。

《圣经》里上帝对以色列人最大的惩罚也是驱逐他们离开了故乡，从此颠沛流离。

第三，从人最深层次的存在焦虑的角度来说，我们有了独立的自我意识，那么如何确认"我"的存在？

我想起一个著名的问题：森林中的一棵树倒了，如果没有任何人听到它倒下的声音，那它有没有发出声音？

有人说当然有啊。

声音是空气中声波的震动传递到人耳朵里，引起了耳膜的震动而产生的。所以假若没有任何人存在，没有任何耳朵存在的情况下，声音亦不存在。那么一个有独立的自我意识的人，如何确认自我的存在？如果"我"的身体、"我"的行为、"我"的感受、"我"的思想没有任何人看到、知道，"我"是否还存在？这就是深层次的存在焦虑。

当我们与另外一个人建立了真正亲密的关系，就如同我们的存在有了见证。我的身体、行为、感受、思想因为另一个人的见证和了解而存在。就如同大树倒下的声音因为有人听见而

第五章　我们为什么需要爱

存在一样。

《圣经》里亚当和夏娃由于经不起蛇的诱惑,吃了树上的苹果,然后忽然眼睛就亮了,看到了彼此的赤身裸体,感到羞愧。于是上帝给他们的惩罚是将他们驱逐出伊甸园,从此开始了痛苦的人间生活。这是表面意义上的理解。

从更深层面的意义上去理解,这里面的"感到羞愧"并不是说因为看到了彼此的赤身裸体,而是突然意识到了自己的独立存在,有了独立的自我意识,忽然发现了自己和自然、和他人的分离状态。在此之前,人类和万事万物合而为一,没有这种独立的自我意识,自然没有这种"羞愧"。所谓的"驱逐出伊甸园",其实并不需要"驱逐"这个动作,当人类意识到了与自然万物的分离,我们就已经离开伊甸园了,我们就从此陷入了无止境的孤独和寻找之中。

与他人建立深层次的连接是克服这种存在孤独的有效方式之一。

"人如何保护自己远离终极孤独的恐惧呢?人可以接纳一部分孤独,勇敢地承受它。至于剩余的孤独,人会试图放弃单一性,进入与他人的关系中,他人可能是和自己很像的人,或者是某种神圣的对象。所以,用以对抗存在孤独的恐惧的主要力量就是关系。"(欧文·亚隆《存在主义心理治疗》)

二、我们在亲密关系中成长

如果说人在关系中存在这个观点成立的话,那么人在关系中成长也就是毋庸置疑的事情了。

雅典德尔菲神庙上刻着一句箴言:"认识你自己。"我们在关系中认识自己,得到反馈,改进自己的行为,成为更好的自己。

经常有人谈起"自信"的问题,说自信就是自己相信自己、接纳自己。我自风情万种、与世无争。我认为这几乎是不可能的。就像没有镜子我们不可能知道自己长什么样一样,没有他人,我们很难认识自己。

我们是通过他人来认识自己的。比如说一个男人认为自己聪明,那是因为他小时候因为某种表现被父母和其他成人夸奖聪明,或者学生时代别人不会做的题他会做,每次考试的成绩就是比别人好;比如说一个女生认为自己漂亮,是因为上学的时候有什么演出老师都让她站在第一排,或者学校里的男生总是看她,放学想送她回家。

工作以后也是一样,我们从工作业绩中、从客户的反馈中、从领导的评价中认识自己的工作能力,知道自己需要改进的地方。

我们在关系中认识自己,在关系中成长。

第五章　我们为什么需要爱

亲密关系就像是一面镜子，离真实的你最近的一面镜子，让你更好地看到自己。 尤其是自己一个人的时候或者在与人关系没有那么亲密的情况下看不到的东西。

英伦才子阿兰·德波顿写过一篇文章叫《你会和错的人结婚》，我认为文章中的部分内容很好地诠释了这一点。他说：

"一个人在独自生活的时候，总是会产生一种错觉，觉得自己是很好相处的人。比如说：当我们一个人的时候，我们不会因为生气而怒骂，因为没有人在听，这让我们低估了自己暴怒的潜力。"

"我们也不太可能真正地了解他人，除非我们生活在一起，和他建立起亲密关系。"

"我们会试图去了解他们，去拜访他们的父母，看他们以前的照片，见他们的朋友，这一切让我们心里有了一丝安慰，好像我们努力去了解过一样。"

"但我们需要去了解将要结婚的那个人的内心是如何运作的。我们需要知道对方对于权威、羞辱、内省、性亲密、心理投射、钱、孩子、衰老、忠诚等数百样事物的观点和态度。这样的了解，不是简单的问答能够提供的。"

的确，这样的了解，不是简单的问答能够提供的。**对这些事物的态度和面对方式，是在真正面对的时候才能体现出来的。**

进一步说,是在面对不同的态度或者冲突的时候才能体现出来。设计师三宅一生说,原本你感受不到自我,直到因为什么事你撞到了墙上被反弹回来,你才意识到自我的存在。

这就是我们在爱里经常看到的一种现象,我们一个人的时候,觉得除了偶尔的孤独之外一切都还好,都很顺畅。当我们爱上一个人,彼此都觉得对方如此美好甚至完美,或者是我们都不完美,但我们都能接纳彼此的不完美。可是,当两个人真的相处、真的生活在一起的时候,忽然发现很多的不一致,很多和想象中不一样的场景,隐忍、冲突、解决或者接受,我们通常称之为"磨合期",在真正进入磨合期之前,我们并不会预期到这些需要磨合的地方。

所以只有在一段亲密关系中,对方才会逐步地展露出来对这些事物的态度,才会逐步通过他的行为形成在亲密关系中的自己,我们也才借此有可能了解他。

所以说,我们在亲密关系中,更好地认识自己,更好地成长。

三、我们因为亲密关系而感到幸福

但凡体验过爱情的人都知道,为什么爱情里有忐忑、有思

第五章　我们为什么需要爱

念的苦、有别离的痛，我们还要前赴后继地去追求爱情，是因为爱情里的甜蜜，因为爱情带给我们的幸福感。

从心理学的角度来讲，我们感到幸福、愉悦、平静的时候身体会分泌特定的物质，比如说多巴胺，比如说催产素。像催产素只有在人和人产生亲密关系的时候才会产生，自己一个人如何努力也产生不了的。除了这种母子类的人类血缘关系而产生的亲密，爱情是成人之后人与人之间产生亲密的重要形式。

哈佛大学有一个研究很好地证明了亲密关系和幸福感之间的正相关性。

这个研究从1938年起，历时76年，花费超过2000万美元，围绕"到底什么样的人才能健康、成功、幸福？"这个课题，跟踪研究了268名当年正在哈佛就读的本科生。

研究期间，这批人每隔两年，会以调查问卷的形式回答自己身体、精神是否健康，婚姻质量如何，事业成功失败，退休后是否幸福等相关问题；每隔五年，还会有专业的医师去评估他们的身心健康指标；每隔5~10年，研究者还会通过面谈采访，更深入地了解他们目前的亲密关系、事业收入、人生满意度，以及他们在人生的每个阶段是否适应良好。

这批人可以说是"史上被研究德最透彻的一群小白鼠"了。那这267份人生档案得出了怎样的结论呢？（其中一份是美国总统约翰·肯尼迪，他的档案被政府单独拿走，未能参与研究。）

真正能影响一个人健康、成功、幸福，帮助一个人迈向繁盛人生的，是如下因素：自己不酗酒不吸烟，锻炼充足，保持健康体重，童年被爱，共情能力高，青年时能建立亲密关系。

在30岁前能找到"真爱"，无论是真的爱情、友情、还是亲情，都能大大增加你人生繁盛的概率。有人说哈佛大学用了76年的时间熬了一碗浓浓的鸡汤：人生成功的关键是——"爱"。

为什么是"爱"呢？

主持这项研究整整32年的心理学家乔治·瓦利恩特说：爱、温暖和亲密关系，会直接影响一个人的"应对机制"。

他认为，每个人在人生中都会遇到意外和挫折，不同的是每个人采取的应对手段。"近乎疯狂类"的猜疑、恐惧是最差的；稍好一点的是"不够成熟类"，比如消极、易怒；然后是"神经质类"，如压抑、情感抽离；最后是"成熟健康类"，如无私、幽默和升华。

一个活在爱里的人更容易选择"成熟健康类"的应对模式，让自己迅速进入健康、振奋的良性循环。

所以瓦利恩特说："温暖亲密的关系是美好生活的最重要开场。"

第六章

为什么说爱是
人生的必修课

> "如果没有爱他人的能力,如果不能真正谦恭地、勇敢地、真诚地和有纪律地爱他人,那么人们在自己的爱情生活中也永远得不到满足。"
>
> ——弗洛姆

在我做情感咨询的过程中,经常被问起下面的这几个问题:

Q1 "我应该找一个爱我的人、还是我爱的人结婚呢?"

这里有几个假设:一是爱可以是单向的,并且可以一直是单向的。而其实单向的爱虽然是爱,但往往很难持久。我们说爱是了解、是尊重、是关心,这其实是一个动态流动的、互动的过程。如果一方没有回应,如何了解、尊重和关心呢?如何在关系中感受到不再孤独,感受到幸福和成长呢?

两个人相爱的过程就像两个人共同生火熬一锅中药,你添一根柴我添一根柴,才能让火一直燃烧下去。如果只有一个人添柴,另一个人什么都不做,甚至浇水的话,火早晚会熄灭的。

这个问题里的第二个假设是:爱是静态的不变的。爱你的人会一直爱你的,你爱的你也会一直爱下去。所以会有相处一段时间以后的各种抱怨,"他当初对我那么好,现在都变了""他说会一直爱我的,为什么会爱上别人",等。其实爱是不断发展变化的,是两个人不断构建的。从来没有说找一个"爱我的人"就可以一直被爱下去,这种确定性和安全感只是一种不切实际的期待。

Q2"我二十多岁,一直感觉自己喜欢成熟的女人,最近爱上了一个比我大八岁的姐姐,我是不是不正常?"

虽然人是社会人,但是在一个人充分尊重了社会的法律底线的基础上,每个人都是自由的。爱情也是自由的。不需要有什么思想上的束缚,这样是正常的、标准的,那样是不正常的、不标准的。**人不会被年龄所定义,爱情自然也不会被年龄所定义。**没有合适的年龄,只有合适的人。遇到合适的人,双方都会感觉到温暖和美好,不会感觉冰冷和孤独,和年龄没什么关系。

Q3"只要你有钱,跟谁都有缘。"

当我说到关于爱的一些方法一些技巧,经常会有男性说这样的话,"只要你有钱,跟谁都有缘""没钱,谈什么都白搭""没车没房就没女朋友",等等。在一个商品社会中,一切商品都被明码标价,爱情好像也是如此了。彩礼、收入、房子成了很多女人在寻找另一半的时候主要考虑的因素。而美貌、身材、年龄也成了很多男人在寻找另一半的时候看重的因素。

之前我在访谈浙江大学的一个教授的时候,他说起现在本科毕业以后继续深造读硕士博士的女生特别多,男生特别少。因为很多男生觉得一直读书,读到博士毕业三十多岁了还没有稳定可观的收入来源、经济积累很难成家立业,所以迫于经济压力,觉得要早点进入社会,多赚钱买车买房出人头地,才能找到好的女朋友结婚成家。

这位教授特别不赞同这种现象,他认为本科现在已经变成了近乎普及性的教育,如果想要在专业领域中有所成就,是应该考虑继续深造的。尤其对于能考入一流大学的这些优秀学子来说,他们的使命不应该局限于找到工作、买车买房,而是要成为国家的栋梁,要改变世界的。而现在婚恋市场的现实让他们放弃了这种追求。

这是典型的人的物化。人像商品一样在婚恋市场上被明码标价。人成了获得"被爱"获得"婚姻"的工具和手段,而不是自身的目的了。

Q4 "40岁左右的夫妻,夫妻生活多久一次算正常?"

为什么会这么问呢?因为我们有一个观念,有一个叫做"夫妻生活的正常频率"的标准。我们会用这个标准去衡量自己的夫妻生活,甚至会以此衡量自己和爱人之间的感情。

美国教授金赛,他带领团队花了十六年的时间,面对面访谈了一万六千人的性行为，然后写出了《金赛性学报告》。报告里说"人与人之间的差异，在性行为方面大到你难以想象"。

比如说男性的性释放频率，也就是射精的频率，在他采访的男性里最少的一个是"过去三十年只有一次"。最多的是一个律师，"在过去三十年里保持了持续的每周超过三十次的频率"。三十年只有一次和三十年里每周超过三十次，这个差距是四万五千倍。

我们再来看一组数据，正常男性性释放频率每周在1到6.5之间的占77.7%，也就是说还有剩下五分之一以上的男性，他们每周的性释放频率是在0次或者大于7次的。这也意味着男性每周的性释放频率是大体在0次到n次之间平均分布的，当然n不能太大。

所以没有标准的频率，这是人与人之间的差异来决定的。大家注意我用的词一直是性释放频率，而不是说夫妻性生活频率，因为这两个概念的范畴又是不同的。

根据《金赛性学报告》这本书的结果，性释放对男性而言，主要有以下途径：自慰、梦遗、来自异性的爱抚、异性的性交合、同性的性行为、与动物之间的性行为，等等。所以异性的性交和只是六种途径当中的一种而已，而异性性交和又不等同于夫妻性生活，因为即使对于已婚男士来讲，一般来讲异性性交和的频率是要高于夫妻性生活频率的。当然这是针对美国的情况而言的。

综上所述，这么多的途径，人与人之间这么大的差异，其实没有一个标准来定义夫妻正常性生活频率，我们也不应该拿这个标准来衡量夫妻的感情。

Q5"结婚多年以后，没有爱的感觉了，没有激情了，要不要分开？"

这里面的三个问题，一个是把爱情理解为"一种感觉"，类似于我在开篇说的名词的"爱"，这种爱情是变化无常的。

第二个是把爱的感觉等同于"激情"。激情是很有可能随着两个人的日渐熟悉不再新鲜而消退。所以把爱情等同于激情，就不可避免地要面对随着激情消退而产生的爱情的消失。

斯滕伯格用爱情的三角理论来解释婚姻状态中的亲密关系。他说爱情包含三个组成要素，第一是激情，也就是本能的身体上的相互吸引；第二是亲密感，是一种心理上的想和对方亲近、沟通、陪伴的状态；第三是承诺，是理性上的一种选择和一个决定，我选择和对方在一起，对对方负起责任。类似于我们经常听到的婚礼上的誓言："无论贫穷还是富有，健康还是疾病，我们都不离不弃。"

通常情况下，婚姻中的爱情或者说一段长久的亲密关系中，激情是会随着时间的流逝而消退的，但是亲密感和承诺可能会随着时间的流逝而增进。

第三个问题，是把婚姻和爱情混为一谈。这是个严肃的问题，之后我会单独来谈谈婚姻。

以上列举的问题，是我们经常会遇到的。**为什么大家会有这些问题，因为我们几乎没有接受过全面的情感教育。**

我们上一代人结婚生儿育女过日子，加上为了生活生计奔波，爱情对很多人来说是个奢侈品，有互敬互爱的，也有隐忍到老的；我们这一代自由恋爱了，很多人不知道什么是爱，不知道如何去爱，一路跌跌撞撞走到今天，很多人结婚又离婚，也有人在婚内出轨，给自己、他人都造成了身心上的伤害；我们的下一代，他们物质生活条件好了，教育得到了前所未有的重视，他们学英语、学奥数，琴棋书画无所不通，可是情感教育呢，还是空白。

我们从幼儿园到小学到大学，甚至继续读到硕士博士，学校里教我们很多的知识，但是没有人教我们爱是什么，以及该如何去爱。

我们的父母从小希望我们专心好好学习，对于早恋、青春期性启蒙这种分心的事情讳莫如深。

我们可能从某些课外书里，视频里多多少少隐晦地接受了一点情感启蒙、性启蒙，可是全面的情感教育始终是缺失的。

我们的成长、我们的幸福、我们的人生，这些都与爱和亲密关系密切相关，所以我说：爱是人生的必修课。

第七章

爱的前提

> "爱情不是一种与人的成熟程度无关，只需要投入身心的感情。"
>
> ——弗洛姆

一、独立是爱人的必要条件

如果说"我爱你"的"我"是一个具有主观能动性的、可以选择自己的行动的、并因为自己选择的行为不断塑造自己的主体；作为动词的"爱"是一种积极主动情绪驱动下的"给"，是自身生命力的流淌和升华。那么一个人去爱另一个人的必要前提就是独立。

关于独立，通常我们理解的内涵包括经济、生活、精神上的独立等，是与依赖相对应的一个概念。但我想从人的心理发展的角度，谈一下独立或是依赖的根源。

根据发展心理学家埃里克森的理论，生命的每一个阶段都有要完成的"心理"任务，或者说有一个亟待解决的危机。

第七章 爱的前提

（以下年龄是一个大概的年龄阶段）

婴儿期（1岁以内）：要解决的是信任或者不信任的问题。完成这个任务最重要的内容是亲子照料。婴儿从一出生下来就会自然而然地与照料者形成一种亲密的情感连接。他们偏好熟悉的面孔、声音和味道，对于柔软、温暖、摇动、喂养、和他有亲密接触的父母产生依恋。反面则是表现出对陌生人的恐惧和焦虑。

如果在这个阶段，父母或者其他照料者能够体贴入微地回应他们的生理和情感需求，婴儿就会建立起安全依恋。长大成人后也能以一种基本信任的心态去面对生活和其他人，如朋友、伴侣。

学步儿（1~2岁）：他们要解决的是自主或者羞怯、怀疑的问题。这个阶段的幼儿开始学习按照自己的意愿做事情，如果屡遭制止或挫败，他们会怀疑自己的自主性和能力。

学龄前儿童（3~5岁）：他们要解决的是主动或者内疚的问题。这时候的儿童开始学习发起任务和实施计划，否则他们会对自己的独立奋斗感到内疚。

小学生（6岁到青春期）：他们要解决的是勤奋或者自卑的问题。儿童开始意识到全身心投入到任务中的乐趣，通过自己的努力看到事物的改变、成绩的提升、自我的成长。否则他们会感到自卑。

青少年（十几岁到20岁）：要解决的是建立阶段性的身份感和自我认同感。青少年经常会思索这样的问题：我是谁？我的人生目标是什么？我的生活应该遵循什么样的价值观？我的信仰是什么？埃里克森把青少年的这种探索叫做"寻找同一性（Identity）"，我个人认为把Identity翻译成身份感更合适，即他们在寻找自我。如果寻找不到，他们就会困惑和迷茫。

人的成长是一个终身的过程，寻找自我也是一个持续一生的过程，但在青少年阶段人对此的需求最为迫切，这个阶段建立起自我认同感也尤其重要。建立了自我认同感的青少年会有一种协调一致、知道何去何从而且舒适的自我感觉。

埃里克森认为，在青春期自我身份感形成阶段之后，紧接着就是开始发展亲密关系的成年早期，一旦青少年具有了清晰、舒适的自我身份感，就为建立亲密关系做好了准备。

青年（20岁~40岁）：要解决亲密还是孤独的问题。这个阶段的年轻人开始尝试建立亲密关系并形成婚姻，否则他们会产生孤独的感觉。

中年（40岁~60岁）：要解决生产还是停滞的问题。中年人开始对世界作出贡献，通常是关于家庭和事业的，否则他们会感觉到缺少目标、不再成长，类似于中年危机的感觉。

第七章 爱的前提

老年（60岁以上）：要解决自我整合的问题。他们会对自己的一生进行回顾和总结，产生满意感或者失败感。（戴维·迈尔斯《心理学》）

虽然人的一生并不完全是按照这个成长规律来的，但我觉得其中还是有对我们非常有启发的观点。就是人在独立之后才准备好了去建立一段亲密关系，否则亲密关系只是对小时候依恋对象，比如父母的一种转移。

"独立"如果按照埃里克森的理论至少应该包括：

对人的基本信任的建立

对自己自主能力的安全感

对自己主动发起任务或者行动的信心

对自己的行为或者努力能够产生相应结果的体验

自我身份感的建立

这里面的自我身份感回答了或者说至少阶段性地回答了类似我是谁、我的人生目标是什么、我遵循的价值观和原则是什么的问题。（因为人的成长是一个持续的过程，我们在成人之后对自己对他人对世界的看法也会发展变化，我们也会在亲密关系中继续成长，但是在成人之前，进入一段亲密关系之前，阶段性的清晰的自我认知非常重要。）

这种成长和人格独立才会带来我们在这一节的开头所说的

经济上、生活上、情感上、精神上的独立。

这种独立是爱的前提。否则即使有爱的需求，或者说爱的意愿，也不具备爱的能力。

一个没有摆脱亲密依赖的成人无法作为一个具备主观能动性、能对自己的行为负责任、能以一种积极的情绪状态去"给予"的"爱"的主体，因而也无法去爱。

当然并不是说没有这种独立就不能去建立亲密关系，确实有一些人即使在儿童时期、少年时期都没有完全成长为一个独立的人，但是在成年后的一段亲密关系中成长，在亲密关系中建立起对人的信任、对自己能力的信心、甚至建立起自己的身份认同感，比如说自己是一个妻子或者一个母亲。

这种情况更像是一个人成年之后"被爱"，并且通过"被爱"体会到了儿童时期及青少年时期本应体会到和学习到的东西。这对于亲密关系中的另一半要求非常高，能建立这种亲密关系的概率，远远低于两个独立的成年人建立起良好深厚的亲密关系的概率。

我们看到很多亲密关系中的问题都和其中一方或者双方的不独立有关。

比如说，有些女人在找结婚对象的时候，会看重对方的经济收入、物质条件。期望对方能给自己以及两个人的下一代带

第七章 爱的前提

来好的生活条件和质量。这从表面上看是女人在经济上的依赖,但从根本上来说是这个女人对自己的能力、勤奋、努力没有信心,希望能够有一个人替自己承担这些生活的压力。

我觉得中国的社会和职场对于女性是非常友好的,除了一些的确需要男性的力量才能完成的、强度比较高的体力劳动,或者在一些极度贫困地区女孩子得不到和男孩子一样的教育,多数职场的岗位对于男女都是平等的。甚至很多女性由于天生的沟通表达能力、亲和力、同理心能力比较强,在一些岗位上还更具优势。所以社会并没有限制一个女人的职业发展,更多的有依赖心理的女人是因为自身缺少一种独立的自我发展的态度。

比如说有些女人对于"爱"的理解几乎等同于"被爱",也就是说要找一个对我好的人,对我照顾得无微不至的人,能让我开心快乐的人,能给我指点启迪的人。当然这都没有错,但当我们只是有"被爱"的需求,而没有"爱人"的能力的时候,这段关系往往也很难持久。

我无法一个人照顾好自己,让自己开心快乐成长,所以我需要另外一个人给我这些。这种情况下,女人对爱的索取非常多,甚至自己每天的心情情绪都由对方的表现决定,你关心爱护我,我就开心,你忽视我,我就难过。然后你会发现在热恋期,男人也许可以做到这些,但是在漫长的婚姻生活中,往往很难持续。

就像我之前说到的亲密关系是双方共同构建的、需要双方共同付出的过程。单向的付出很难持续。于是女人会有各种抱怨"他变心了""他不再爱我了"等,从一开始,这种依赖的态度就注定了这种变化和结局。

再比如说有些男人把爱情和找结婚对象、传宗接代划等号。他们认为年纪到了,父母和这个社会对我的要求是找一个合适的人结婚生子成家立业,于是就按照贤妻良母的标准找一个人结婚生子。这是因为他对于自己是谁、活着的目的是什么、自己的价值观等没有独立的思考和清晰的认知,自然对找一个什么样的伴侣构建亲密关系、共度余生没有清晰的思考。所以会随波逐流,仅仅是完成父母和社会对自己的期望,而不是主动地去寻找,去爱。

在这本书里我会举一些常见的例子,会用到"有些女人""有些男人"这样的称呼,只是为了表达方便,并不代表这种行为是女性或者男性所独有,也没有任何性别区别或者歧视的意思。因为在这个越来越开放和包容的社会中,男女的角色界限其实是越来越不那么泾渭分明的。

二、热爱生命、热爱生活是爱的基础

"人必生活着,爱才有所附丽。"

一个人如果不热爱生命、不热爱生活是很难产生"爱人"的积极情绪的。不会对另外一个有趣的生命产生认识和了解的好奇心,不会有尊重生命差异、尊重个体独特性的意愿,不会有关心对方成长以及和对方一起成长的心态,更不会有旺盛的生命力去给予。

人不过是浩瀚宇宙中的一粒尘埃,短暂的存在之后逃离不开死亡的命运,"尘归尘土归土"。想到这些,难免会产生悲观甚至绝望的情绪,难免会思考生命的意义到底是什么。

关于生命的意义是什么的问题,古往今来的思考,以我的理解,大体分为三种方向:

第一是悲观的:生命并无意义,且止于生命并无意义。自从神学被赶下神坛之后,人不是上帝创造和筛选出来的,个体的生命意义不是神圣的、天赋的之后,从宇宙观点来看,人就是一粒尘埃,追问人类生命的意义就像追问一只蚂蚁活着是为了什么一样。这个问题本身就无意义。人活着就是活着而已。

第二是比较平静的接受生命、观察生命、体验生命的态度。不赞同成就导向的生命目的,甚至根本就反对"生命目的"或"意义"的概念。

禅宗大师铃木大拙曾经描绘过两首诗中所表现的两种不同的对待生命的态度。

第一首诗是17世纪俳句诗人芭蕉所著：

"当我细细观照时

只见那荠花开放

在篱墙脚边！"

第二首是丁尼生的诗句：

"长在颓破墙上的小花

我把你从隙缝中拔下

把你连根带花置于我的掌中

小小的花啊，如果我能知道

你是什么，连根带花，一切一切

我就能知道上帝和人到底是什么。"

在第一首俳句中，诗人芭蕉只是安静地看着在篱笆旁默默开放的小花，没有任何思考、目的，处于一种人与自然和谐相处的状态。有一种类似中国古代老子、庄子"天人合一，无为而治"的感觉。所以没有必要去追问生命的目的和意义。

就像一段刻在古代日晷上的文字说的，"除了平静的时刻，其他时刻都不算数"。

而丁尼生的诗句代表了西方世界试图分析分解和理解自然，进而征服和利用自然的想法。于是人生需要有行动，有目的，有意义。

由此我们能看出追求生命的目的和意义是具有时代性的，是某种文化和文明的产物。也有一些文化中和时代中，人们认为不需要追问，生命只是需要被体验的过程而已。

第三，目前被大多数人接纳的观点，即人生需要目的感、意义感。即使从宇宙视角来看，人并非天赋使命的，但为了我们生活的更好更有热情，我们需要赋予生命意义。

至于赋予生命意义的途径，大体可以概括为三个。

第一个途径是工作。不管是工作的现实性结果带来的享乐、工作中的创造性、工作中自我的成长和超越，还是为了一个组织一个愿景的实现，或者为了改变世界和他人，都是工作可以赋予的意义感。

第二个途径是爱和亲密关系。我们在爱和亲密关系中定义自己并付出，看到身边人的快乐而感受到生命的意义。

第三个途径是利他，这也是很多宗教所主张的东西。给予和付出，对别人有益，使世界变得更加美好。

不管是哪一个方向，只要我们相信，只要我们全心投入，我们都能感受到生命的意义，都能以更积极和充满热情的态度去生活。

对于生命的意义是什么的三种选择中，我觉得第三条道路，也就是主动赋予生命意义的选择，更容易让人热爱生命、热爱生活，对事业、家庭和这个社会更有主动性和责任感，也更有能力去爱人。

"我谁都不爱，只爱你""我什么都不想做，只想和你在一起""我觉得什么都没有意义，只有和你在一起有意义"，**这种心态的人往往只是一时的痴迷和热情，或者把对方当成是无聊生活中的一个抓手、一种寄托，是很难真正地有爱人的能力的。**

一旦对方不能满足他的情感需求，或者对方有了为之努力奋斗的人生目标而不能给予他们足够的重视和陪伴，他们就会感到被忽视、被抛弃，各种消极、悲观、厌世，甚至会有各种成瘾行为，比如说酗酒，来填补心里空虚。

所以我一直主张无论男女，都要有自己的事业、追求、爱好，就是那些让你觉得生活有意义、有意思的事情，不要把爱情当成人生的全部。

首先你是一个完整的、独立的人，一个能感受到生活的乐趣的人，一个能看到世界的真善美的人，一个对人类的处境有着深深的关心、对悲伤有着深深的怜悯的人，才能有一种积极

情绪驱动下的"爱人"的能力，给予的能力。因为你能给予对方的实际是你自己旺盛的生命力的流淌。

三、爱是一种信仰，相信是爱的开始

有些人年纪轻轻，经历过几次不成功的恋爱，或者听闻过一些悲伤的恋爱故事，就说自己不相信爱情了；有些人到中年，以为看透了世间冷暖，以为爱情不过是一场交易，甜言蜜语是过眼云烟，爱情里一认真就输了；也有些因为从小没有体会到父母、亲人的爱，经历过孤独而不幸的童年，长大后就不相信人与人之间的有信任、有温暖、有爱，等等。

如果不相信爱情的存在，就很难以一种积极的心态投入到爱里。即使遇到了爱的人，也会选择要么逃避，要么物化，要么斤斤计较，要么猜忌怀疑，不敢勇敢地去付出和投入。没有这种付出和投入，也就没有爱。

所以说爱的最后一个前提是相信爱，爱是一种信仰，相信是爱的开始。

第八章
爱的能力：了解

> "每个人都很孤独,在我们的一生中,遇到爱,遇到性,都不稀罕,稀罕的是遇到了解。"
>
> ——廖一梅

我们之前谈到作为动词的"爱"是一种积极主动情绪驱动下的"给","给"不是放弃、牺牲、和交换,"给"是自身生命力的流淌和升华。

所以这种积极主动情绪驱动下的"给""生命力的流淌和升华"的前提条件是一个人的真正独立,是一个人热爱生命、热爱生活,是一个人相信爱。

具体到行为上,"爱"包含的行为有:了解——把对方作为一个流动的、不断发展变化的人的动态的了解;尊重——把对方作为自身的目的,而不是实现任何人、任何事的任何意图的手段的尊重;和关心——关心对方情感情绪的流动,以及对方的不断完善和成长。

下面我们就来谈谈如何做到了解、尊重和关心对方。或者

第八章 爱的能力：了解

说如果说爱是一种能力，如何提升爱的能力。

首先我们谈谈了解的能力。

你真的了解对方吗？

我们在谈了解对方之前，先做一下这个"爱情地图"问卷。共20道题目，每个题目以"是"或"否"来回答：

Q1 能说出配偶挚友的名字

Q2 知道配偶目前面临的压力

Q3 能说出最近让配偶觉得恼火的人的名字

Q4 能说出配偶的某些人生梦想

Q5 非常了解配偶的宗教信仰和想法

Q6 能说出配偶基本的人生哲学

Q7 能列出一份配偶最不喜欢的亲戚的名单

Q8 知道配偶最喜欢的音乐

Q9 能列出配偶最喜欢的三部电影

Q10 配偶了解我目前的压力

Q11 知道配偶生命中三个最特别的时刻

Q12 能说出配偶小时候遇到的最紧张的事情

Q13 能列出配偶人生的主要志向与期望

Q14 知道配偶目前主要的烦恼

Q15 配偶知道我有哪些朋友

Q16 如果配偶买彩票中大奖,我知道对方想要做什么

Q17 能详细说出第一次遇到配偶时的印象

Q18 会定期询问配偶世界中正在发生的事情

Q19 觉得配偶很了解自己

Q20 配偶了解我的期望与志向

计分标准:回答中每个"是"计1分。

10分或10分以上:分数在这个区域内,表明你们的关系很牢固。就配偶的日常生活、期望、恐惧与梦想而言,你脑中有一幅非常详细的爱情地图。

10分以下:你们的关系在这个方面还需要一些改善。也许你们从未有时间或者方法真正做到相互了解,也可能是因为这些年来你们的生活发生了改变,你的爱情地图已经过时了。
(约翰·戈特曼《幸福的婚姻》)

下面我分享一些了解对方的方法:

一、从认识自己开始

就这个爱情地图我们可以深入思考一下:作为一个个体,他到底有什么独特的、与众不同的地方,让他成为一个有别于

第八章 爱的能力：了解

他人的个体？我讲过的一个心理学课程中，我和我的搭档用一个表格来帮助学员更好地认识和了解自己。认识和了解自己的途径也是认识和了解他人的途径。

这个表格分成四个部分：一个人的身体、情绪、认知、和精神。即我们认为这四个部分组成了一个完整的人，这四个部分的独特之处界定了一个个体与他人的不同。

我先把这个表格中的问题分享给大家：

身体					
1.我基本上能够保持足量的睡眠。	①	②	③	④	⑤
2.我多数时候感到自己精力充沛。	①	②	③	④	⑤
3.我每周运动三次以上（含三次）。	①	②	③	④	⑤
4.我有吃早餐的习惯。	①	②	③	④	⑤
5.我上次体检没有任何血压、血糖、或者血脂的异常指标。	①	②	③	④	⑤
情绪					
6.我看小说、电视剧，或者电影的时候，有时候会因为感动而流泪。	①	②	③	④	⑤
7.我做事情很少冲动，很少会为自己的行为后悔。	①	②	③	④	⑤
8.我每周跟自己的亲人、同事，快递员发脾气或者在开车的时候发怒少于三次。	①	②	③	④	⑤
9.我认为悲伤、后悔、抱怨等情绪在适当情景下也有必要功能。	①	②	③	④	⑤
10.如果我凌晨醒来，不会因为痛苦或者焦虑等情绪而难以入眠。	①	②	③	④	⑤
认知					
11.我能从他人的角度理解别人，换位思考。	①	②	③	④	⑤
12.我经常会反思自己的思维和行为是不是有可以改善的地方。	①	②	③	④	⑤
13.我认为中国和美国的教育体系各有优劣，不能一概而论。	①	②	③	④	⑤

（续表）

14. 我认为情绪和感受同理智和判断一样重要，如果不是更重要的话。	① ② ③ ④ ⑤
15. 我平时有阅读非小说类书籍的习惯。	① ② ③ ④ ⑤
精神	
16. 我认真地思考过信仰这类的问题。	① ② ③ ④ ⑤
17. 我认为不存在道德和价值标准，事情是否合理有很多情境因素。	① ② ③ ④ ⑤
18. 我觉得自己的生命是有意义的。	① ② ③ ④ ⑤
19. 如果让我回到童年重新选择，我仍然会选择过现在的生活。	① ② ③ ④ ⑤
20. 人生重要的是体验整个生命的发展成长过程而不是结果。	① ② ③ ④ ⑤

大家可以依据这个表格做下自我测评，根据自己的实际情况给每一类中的每一项打分，1分代表完全不符合或完全不同意，2分代表多数不符合或者不太同意，3分代表中间立场或者不置可否，4分代表多数符合或者基本同意，5分代表完全符合或完全同意。自测后将身体、情绪、认知和精神四个部分每个部分的问题得分相加，总分越高说明这个部分的自我越健康和成熟。

测评的结果可以让大家对自己目前的身体、情绪、认知和精神状况有一个完整、清晰的认知，并可以根据结果调整自己的某些方面。

这个表格背后的意义我认为是当我们试图了解一个人的时候，我们至少要从这四个方面全面地去了解。他的身体状况、情绪状况、认知水平、思维方式以及世界观、人生观和价值观

（也就是我们通常说的三观）。

当然这不是唯一的分类和定义，表格中的问题也不见得是最合适的问题，但至少可以让我们在了解自己，进而了解他们的过程中，拓展思路，**不仅仅去了解对方看得见摸得着的外表、行为、性格，还要去深入了解一个人的思维方式和精神信仰**。知其然还要知其所以然，才能更深入地理解一个人。

深入地理解了一个人，就会理解他的所言所行。不会因为对方和自己表现出来的行为上的不一致而觉得费解或者引起冲突。

著名的人际关系专家、心理学家约翰·戈特曼在他的《幸福的婚姻》这本书里也提出要深入了解彼此内心世界的问题清单。他认为越了解彼此的内心世界，夫妻的关系就会越深厚。这个问题清单可以让人更好地探索自己，也可以让配偶更好地了解你。我觉得这些深度的问题很好，作为附录附在这本书的后面，分享给大家。

二、两个人独处的重要时光

我看过很多关于爱与亲密关系以及婚姻的书，其中很多书里都提到在一段长期的亲密关系或者婚姻中，定期的两个人的独处时光非常重要。比如说不被工作、生活琐事干扰的假期，比如说不被孩子干扰的每周固定的约会时光。

这些独处时光的意义，除了专注地感受对方、感受彼此间的互动之外，能够安静地交流，分享，彼此更加了解和亲密也是很重要的结果。

约翰·列侬和小野洋子曾经七天七夜不出家门就待在床上，喊出了那句著名的"Make love, not war"（要做爱，不要作战）的口号。我想如果两个人能在一个私密的独处空间里相对七天七夜，如果不被任何人、任何琐事干扰，如果能远离手机电脑等干扰源，只是独处，那会发生什么呢？从闲聊到沉默，从沉默到厌倦，从厌倦到深思，从深思到交流，从交流到拥抱。我不知道，但想亲自做一个这样的实验，把结果记下来。

三、深度倾听，听到他/她的内心感受和渴望

即使我们不能经常性地拿出完整的时间来深入交流，我们日常可以做的是真正深度地倾听对方内心的感受和渴望，而不是泛泛地交流信息。

深度倾听的能力是很重要的一种爱的能力。

如果你去听两个爱人之间的对话，你会发现如下的内容：

第八章 爱的能力：了解

"今天晚上回家吃饭吗？立冬，吃饺子。"

"不回去了，加个班，就在单位吃了。"

"谁谁谁他妈前两天摔了一跤，结果股骨头骨折，做了一个股骨头置换手术，花了八万多。据说医保给报销的还不到一半，因为置换的股骨头是不在保险范围内的。"

"嗯，人年纪大了钙流失严重，最怕的就是摔跤。"

"孩子不想继续练钢琴了，每次训练都找各种借口不想去。每次我逼她去，都搞得特别不愉快。现在的孩子啊，都不知道珍惜，我小时候想学都没这个条件呢。"

"实在不想练就别练了吧，本来也就是想着当个爱好，也没指望她成钢琴家。再说现在作业也越来越多了，多花时间在学习上也好。"

在这几个典型的对话中，有问有答，有回应有建议，语气平和。但是如果我们深入地想一想，就会发现**这样的对话基本上是在交流信息事实的层面，没有更深入地去了解、理解进而分享或分担彼此的情感和感受。**

第一个对话："今天晚上回家吃饭吗？立冬，吃饺子。"如果我们再看一遍，就会发现很有可能提问的这一方是有一定的情感上的期待的。立冬是一个节气，吃饺子是一个传统而平常，但是有仪式感的过立冬的方式。这一天，我也许期望在天气变冷，房间里也变冷的时候，我们两个在一起吃顿饭，我能感受到温暖；我也许忽然想起了小时候立冬这天，爸爸妈妈给我包的饺子，想起了年老的爸爸妈妈；我也许今天觉得工作压力有点大，心情有一点点的低落，只是特别想回家吃饭。这些微妙的"也许"是一闪而过的情感，可能在听到对方一句"不回去了，加个班，就在单位吃了"之后，无疾而终，期待或者期盼消散在空气中。我会感觉到淡淡的孤单，因为情绪没有被关注、被了解、被接纳。

第二个对话的后半句："据说医保给报销的还不到一半，因为置换的股骨头是不在保险范围内的。" 如果我们再看一遍，我们能不能看出隐隐的担忧，也许是对我们在经济上是不是有足够的承受能力的担忧，也许是对生命无常难免哪个亲人会突然生病或者遭遇意外的担忧。也许在这个担忧之下，是安全感的缺失。 在得到回复之后，这些隐隐的担忧没有被了解到，没有被探讨和分担，也许我还是会继续生活在安全感的匮乏之中。

第三个对话，看似两个人在探讨孩子要不要练琴的事情，可是事情背后的情感波动和需求却没有被很好地回应。妈妈有可能觉得难过和无奈的是因为练琴的事情母女关系变得紧张。

第八章 爱的能力：了解

也有可能妈妈小时候也有学习乐器的梦想，一直没有实现过，所以才发出了孩子不知道珍惜的感慨。爸爸的回应只是就事论事地表明了就女儿是否练琴这件事情的看法和观点，没有听到或者关注到妈妈的情绪和情感状态，自然也没有进一步的交流。

从这三个很典型的日常生活中的对话中，我们可以看到当只就信息和事实层面进行交流的时候，就像看一座冰山只看到海平面之上的部分一样，会忽略、漏掉很多海平面以下的部分。**这些海平面以下的情感、情绪、渴望能够在两个人之间共享，我们才会感受到与另一半的深度连接，感受到被理解、被爱。**

深度倾听就是要在信息和事实层面之下，去听对方的心情，去感受一下对方的担忧或者渴望。

我们都具备这样的能力，如果我们和对方面对面，我们会从对方的眼神、表情、声音变化里感受到这些东西。

只是我们在日常生活中，因为忙碌，或者因为感觉已经彼此很熟悉了，不需要再多去了解对方，或者也许更关注问题的解决而非过程中情绪的流动，或者我们认为对方不需要这样细腻的关注，所以我们没有真的认真地去听、去了解。

我讲"深度倾听"的技能讲了很多年，每次在课堂上做练习的时候，大家都会突然发现原来我真的可以从冰山上的信息和事实，听到感受到对方心里的情感和渴望，原来我其实不需要老师来教我，我只要聚精会神地听，我真的能做到这一点。

有一件我印象特别深刻的事情，我孩子两岁左右的时候，有一次我和他躺在床上，我就一直看着他，没有说话，他也看着我，然后他突然对我说了一句话，他说："妈妈，我也喜欢你！"我为什么觉得吃惊呢？因为他说的不是"妈妈，我喜欢你"，而是"妈妈，我也喜欢你"。虽然我没有说一句话，但是他从我看他的眼神里看到了我的情感流露，而当时我心里正在想着的就是"我好喜欢你啊"。所以这是我们从孩子的时候就具备的能力。

第九章

爱的能力：尊重

> 你若爱她，让你的爱像阳光一样包围她，并且给她自由。
>
> ——泰戈尔

尊重就是要理解每个人是自己的目的，而不是任何人任何事的手段。爱一个人，就要尊重他原本的样子，尊重他自己的目的，而不是让他成为你的或者任何事物的手段。

尊重的前提是一个人的独立和对生活本身的热爱。

尊重的前提条件是一个人的独立和对生活本身的热爱，或者即使没有那么热爱，不能从生活中感受到愉悦和满足，也要有能默默承受生活中难免的无聊或孤独时刻的能力。

我收到情感方面的困惑和咨询中，很多困惑都来自于对方未能满足自己对另一半的期望。而之所以对另一半有这么多的期望，很大程度上是因为自身没有真正的独立，没有自身在生活中所热爱的东西，缺失的部分要从对方的身上来弥补。

没有独立，没有对生活本身的热爱，爱就很难是"给

第九章 爱的能力：尊重

予"，而更多地是"索取"。"索取"就意味着对对方的要求甚至控制，意味着把对方当成实现自身某种目的的手段，而无法做到尊重对方，让其成为其自身的目的。

很多女孩非常看重爱情，把爱情当做生活中最重要的事情，整个人的情绪都会随着爱情的进展和对方的回应而波动起伏。一旦陷入爱情中，就是"我非常非常爱你，你是我生命中最重要的那个人，为了你我可以放弃所有，我可以为你做任何事情"的态度。

爱情开始的时候，被爱的一方可能会很喜欢这种状态，觉得女孩特别爱自己、特别重视这段感情，也会感受到一种被需要的感觉，一种成就感和存在感，甚至觉得自己的生命因此有了新的意义。但渐渐的就会发现女孩这样的状态恰恰是因为自身并没有独立，自己不能给自己带来快乐、充实和满足的感受，也不能默默承受生活中难免的无聊和孤独的时刻，于是期待另外一个人拯救自己，对自己负责任，给自己带来美好的生活感受。

被期待对另外一个人的生活和感受负责，是一件非常辛苦的事情，因为我们很难随时随刻地满足另外一个人的期望。稍有疏忽、游离，对方就会失落悲伤，稍有一些自己的空间，对方就会恐惧彷徨。如果在某些事情上你没有按照对方的期望来做，就会觉得"我这么这么爱你，你为什么这么对我"。这种"爱"其实就慢慢地变成了一种无形的控制和索取，把对方当成满足自己需求的手段,而非尊重对方成为其自身的目的。

爱的重要能力之一是尊重,尊重的前提条件是人的独立和对生活本身的热爱。这是我的看法。也有的心理学方面的研究表达了不同的看法。

依恋研究是在人际关系和亲密关系方面研究的比较多、比较热门的一个领域。

关于依恋的研究,从人在婴儿时期对其主要抚育者(多数情况下是妈妈)的依赖表现出不同的模式开始。

研究发现,如果婴儿在饥饿、尿床和哭闹等情况下,能够马上得到回应和呵护,这些婴儿就会觉得他人可以信任,能从他人那里获得安全和友善,就发展出安全性依恋;如果对孩子的照顾不及时、不可预测,有时热情关注,有时焦急烦躁,有时不能及时出现,这些孩子不能确定抚育者是否以及何时会来关照自己,与他人的关系也许会变得紧张和过分依赖;如果抚育者在关照孩子时,带着拒绝或者敌意的态度勉强为之,孩子就会认为他人是靠不住的,在与他人的关系中就会畏缩不前,表现出回避型依恋。

孩子表现出的这些依恋类型生动鲜明,之后研究者发现,成人在处理亲密关系时也会表现出类似的反应方式。

人际关系专家巴塞洛缪根据人在"回避亲密"和"忧虑被弃"两个维度上的差别,提出了成人的四种依恋类型。

在说明这四种依恋类型之前,我们可以做一下依恋类型评估的问卷。这份问卷的12个评价项目选自凯利·布伦南和同事编制的长问卷,这些题目测量的结果和长问卷所获得的结果非常类似,能很好地区分显著的个体依恋类型差异。

做法是为以下12个项目进行1—7打分,1代表强烈反对,7代表非常同意,1—7之间的分数代表了你对这一项目反对和同意的程度。

测量忧虑被弃的项目:

1. 我担心爱人不会像我关心他一样关心我。

2. 我想接近他人的愿望有时会把人吓跑。

3. 我需要很多保证才相信伴侣是爱我的。

4. 我发现伴侣不像我期望的那般亲密交往。

5. 当我需要帮助时爱人却没有出现在身边,这会让我感到沮丧。

6. 我不会常常担心被人抛弃。

测量回避亲密的项目:

1. 我想接近伴侣,但是总是后退。

2. 如果伴侣和我太接近,我感到紧张。

3. 我试图避免和伴侣太过接近。

4. 我经常和伴侣讨论我的问题和顾虑。

5.困难时求助于爱人当然有作用。

6.很多事情包括寻求安慰和确信,我都会求助于伴侣。

分数计算方法:

计算焦虑被弃项目的总分,其中第6项反向计分(1分变成7分,2分变成6分,3分变成5分,以此类推)。

计算回避亲密项目的总分,其中第4、5、6项反向计分。

焦虑被弃项目的平均分是22,低于15分就非常低,高于29分就非常高。

回避亲密项的平均分是15分就是显著地低,21分就是显著地高。(罗兰·米勒、丹尼尔·伯尔曼《亲密关系》)

根据在这两个维度上的得分,我们可以把成人的依恋类型分为以下四种:

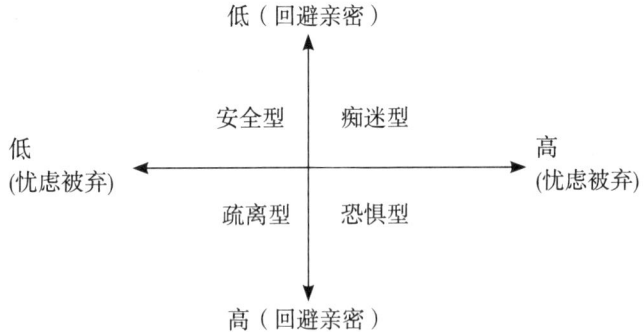

第一种是安全型(回避亲密低,忧虑被弃低):在感情上很容易接近他人。不管是依赖他人还是被人依赖都感觉心安。

乐观、好交际。

第二种是痴迷型（回避亲密低，忧虑被弃高）：希望在亲密关系中投入全部的感情，但经常发现他人并不乐意把关系发展到如自己期望的那般亲密。对有损亲密关系的任何威胁都不安和警惕。贪婪、嫉妒。

第三种是恐惧型（回避亲密高，忧虑被弃高）：和他人发生亲密接触使我不安。感情上我渴望亲密关系，但很难完全相信他人或依赖他人，害怕被遗弃。猜忌、多疑、害羞。

第四种是疏离型（回避亲密高，忧虑被弃低）：即使没有亲密关系也安心。认为独立和自给自足更加重要，不喜欢依赖别人或让人依赖。冷淡、独立。

我觉得一个人首先需要独立、热爱生活、相信爱，然后才能具备爱的能力，才具备尊重对方的能力。这种心态更接近四种依恋类型中的第一种安全型。而另外一种观点认为，即使伴侣双方或者某一方不是安全型，只要双方的依赖类型匹配，两个人就能获得满足和稳定的亲密关系。如果痴迷型的爱上的安全型，两个人的相处就没有问题，因为安全型的会给予痴迷型需要的关注和亲密；而如果痴迷型的和疏离型的在一起，就产生了依恋类型的不匹配，痴迷型的人会因对方的感情疏远而难过，而疏离型的会因对方的过于依赖而烦恼。

我认为作为爱的三种基本能力：了解、尊重和关心而言，痴迷型的人也许欠缺的是尊重对方的能力。疏离型的人也许欠缺的是关心对方的能力。所以并不能认为他们完全具备了爱的能力。他们能和安全型的人维持一段稳定持久的亲密关系，往往是因为安全型的人具备了爱的能力，对痴迷型的人表现出了足够的关心，对疏离型的人表现出了足够的尊重。

人的成长，人走向独立的一个标志就是我们不会把自己作为自己童年经历的受害者，或者被动地接受自己已经固定为什么类型的人。我们会相信自身成长和改变的可能性，并会为其做出努力。

所以我们是哪一种依恋类型，也并不仅仅是被动地受到童年经历的影响，在我们成人之后的感情经历、反思也会影响我们。随着时间的推移，依恋类型也有可能会发生新的改变。

当意识到自己在忧虑被弃这个维度比较高，表现出了不安、不信任他人的时候，就要思考其中的原因，就要在行为上做出相应的调整和改变。安全感是一种能力，信任他人同样是一种能力，我们要去培养、塑造这种能力，而不仅仅是期待能遇到一个给我们足够安全感的另一半。

同样的，当我们意识到自己在回避亲密的维度比较高，表现出漠视亲密、冷淡的行为的时候，我们也要去思考其中的

第九章 爱的能力：尊重

原因。当然如果真的是一个人感觉圆满具足、平安喜乐也无可厚非，但如果是因为恐惧或者其他原因，我们就要去反思和调整。

我之前看过一个著名的行为艺术家玛丽娜·阿布拉莫维奇的纪录片，她说的一段话特别打动我，她说："曾经我心里有两个我，一个是坚强自律，有着军人一般的钢铁意志的小女孩，因为我父母都是共产党员，从小他们非常严格地要求我；另一个是心里缺乏爱、极度渴望爱的小女孩，因为我父母从来对我都很严肃，我母亲从来都没有亲吻过我。可是在我长大以后，在我有了足够多的阅历之后，我不再是这两个小女孩，我变成了现在的我，是智慧让我变成了现在的我，我喜欢现在的我。"我想她要表达一个人的成长和蜕变，而不是把自己固定在小时候被动形成的模式当中。

原生家庭对我们有很大的影响，但当我们成年之后，我们还是可以成长和改变的。

尊重是尊重差异的能力，是不评判、不指责的能力。

要想具备尊重的能力，很重要的一点是能够做到不轻易评判，尊重差异，尊重彼此价值观、人生观不同。

差异一定有它背后的情境和原因，如果能看到和理解这些背后的东西，就不会轻易去评判，不会认为自己的想法和做法更好，不会觉得对方不讲道理，不会认为自己的价值观、人生观更正确,也不会希望对方按照自己的想法来做。

有一个例子让我印象很深刻。一个记者来到非洲一个非常贫穷落后,艾滋病肆虐的地方,因为贫穷,当地很多未成年的女孩子都会通过性交易来获取少量的钱,然后去换取食物。很多未成年女孩因此感染上艾滋病,又没有条件医治,导致死亡。

所以记者就对一个这样的女孩说:"你知不知道你现在这样做会感染上艾滋病,然后可能一年之后就死去了。"女孩回答说:"我知道啊,可是如果我不这样做,我和我的家人明天就可能会饿死。"

心理学上也有一些道德上的引人思考的困境。

情境1:如果一列火车正在快速行驶,忽然发现前方轨道上有五个孩子在玩耍,刹车肯定是来不及了,火车司机这时候唯一的选择是变道,将火车行驶到旁边的轨道上,可是旁边的轨道上有一个孩子在玩耍,那么如果你是火车司机,你会改变轨道吗?

从理性的角度而言,多数人会做出肯定的回答,牺牲一个孩子救五个。

情境2:如果一列火车正在快速行驶,忽然发现前方轨道上有五个孩子在玩耍,刹车肯定是来不及了。这时候你正站在火车轨道上面的一个高架桥上,你旁边站着一个200多斤的胖子,

第九章 爱的能力：尊重

你可以把这个胖子推下高架桥，正好落下火车轨道上，然后阻止火车前进的速度，牺牲这一个胖子，拯救那5个孩子，你会推他下去吗？

同样是牺牲1个人救5个人，多数人会做出否定的回答。

情境3：情境和选择和情境1一样，如果一列火车正在快速行驶，忽然发现前方轨道上有五个孩子在玩耍，刹车肯定是来不及了，火车司机这时候唯一的选择是变道，将火车行驶到旁边的轨道上，可是旁边的轨道上有一个孩子在玩耍，而这一个孩子恰好是你的孩子，那么如果你是火车司机，你会改变轨道吗？

不管现在如何回答，我们都不知道真正面临这个情境的时候会做出什么选择。

这个引人思考的困境很好地说明了人的选择，是由特殊的情感、情绪、情境驱动的，不是一个统一的理性和道德的标准能够规范和解释的。理解这一点，我们就会学会尊重差异，尊重人的不同想法和做法，而不会站在自己的角度和立场上去评判和指责。

王朔在他的《和我们的女儿谈话》里面描述了人死后会看到的另一个世界，里面展出了自己灵魂的各个面相，借此来描述自己的反思，有一段是这么说的：

"过去再怎么自我嘲弄，内心其实是骄傲的，自己暴露自己也是出于优越感——也只有我敢这么做,不怕卖破绽给你们看,不怕被打垮,不怕溃不成军,打烂的都是皮肉都是本该割掉的东西。内心是自信的,相信自己的品质,比很多人干净,就没有那些乱七八糟的东西,瞧不起一些人是有道理的。看过自己的肖像展,这个自信没有了。我瞧不起的那些人都挂在画廊里,这个说明什么?说明**我骨子里有他们的那一面,本来也是他们,只是种种原因——大概还是选择比较多吧或者条件没给够——才没有成为他们。** 心象证明,我不具备优越的品质,我本可以成为任何人,每个可能的心机都备好了一张脸。一个灵魂有海量面目,像一个面具库,任人戴取。同灵魂可以截然相反。你说它什么意思?告诉你一句托底的话,要想找到自我是一件干不完的活儿。"

我觉得他讲的也是一种对自我优越感的反思,以及对他人的理解和尊重。

这里面我想谈一个非常重要的看待事物的角度问题。

如果我问大家一加一等于几,或者月亮是绕着地球转的还是地球是绕着月亮转的,绝大多数人会告诉我一加一等于二,月亮是绕着地球转的。如果答案不是这样的,有人说一加一等于三,或者地球是绕着月亮转的,我们就会说这个答案是错误的。这个有着标准答案,有着固定的规律、规则,不以人的主观意志改变的世界我们称其为"物理世界"。

第九章 爱的能力：尊重

如果我拿出一幅张大千的绘画作品"虾"和梵高的作品"星空"，问大家哪一个是正确的，哪一个是错误的，我们则无法给出一个标准答案，甚至无法给出一个答案。为什么，因为这是属于人的"心理世界"的东西，心理世界的东西，每个人都有不同的理解、感受和偏好，没有唯一的、统一的、正确的标准答案。

那我们是生活在物理世界还是心理世界之中呢？

我们生活在地球上，受地球引力的作用，我们不会飘到空中；我们从一个地方去另一个地方，需要的时间等于距离除以我们的平均速度。毫无疑问我们生活在物理世界中。物理世界中所有的规律都作用于我们。

但是，我们的感受，我们的心情，我们的人际关系，很多都是心理世界的东西。很多我们认为的"应该""不应该""道理"也是和我们的情感、立场、利益、经验息息相关的心理世界的内容。**我们经常犯的错误之一就是我们把心理世界的"道理"，这种主观的看法当成了物理世界的"真理"，要求别人接受和遵守。**如果我们能认识到我们平时所讲的"道理"，就像梵高的画作一样是属于心理世界的范畴，是没有唯一的正确答案的，也许就能收起让别人接受我们的"道理"的愿望和行为，也许就会因为这些改变产生更多的尊重。

第十章

爱的能力：关心

> "爱情是对生命以及我们所爱之物生长的积极的关心。如果缺乏这种积极的关心,那么这只是一种情绪,而不是爱情。"
>
> ——弗洛姆

基于了解和尊重基础上,爱的第三个重要能力是关心对方的能力。这里的关心包括两层含义:一是关心对方的感受,感受包括身体上的感受,也包括心理上的情绪和情感。人身体上的感受和心理上的感受也是不可分割的。二是关心对方的成长和发展,潜能的实现。

弗洛姆在《爱的艺术》中谈起关心的能力时举了一个最容易理解的例子,就是母爱中的关心。母亲爱孩子,首先会时刻关注孩子的感受,饿了会喂他吃奶,渴了会给他喝水,困了会哄他睡觉,不开心了会逗他开心。这种时刻的关注及回应孩子需求的能力就是关心。如果一个母亲说自己爱孩子,却对孩子的身体和情绪状态漠不关心,对孩子的需求视而不见,我们很难说这个母亲真的关心自己的孩子,爱自己的孩子。

第十章 爱的能力：关心

同时，母亲会关注孩子什么时候翻身，什么时候走路，什么时候学习写字等，这是母亲对孩子成长的关心，对孩子未来潜能的实现的关心。即使孩子长大成人了，母亲还是会持续关注孩子过得好不好，是不是过上了自己理想中的生活，有什么需要自己帮助的地方等。

虽然成人之间不需要对方喂奶哄睡觉，也看不到对方像孩子一样鲜明的、外显的成长变化，但这种爱人间的关心是一样的性质。花时间和心思去关注对方的感受，愿意主动地积极地去回应对方的需求。关注对方的成长和潜能，支持对方梦想的实现。

之前我们在谈到爱的能力——了解的能力的时候，分享过一个约翰·戈特曼的"爱情地图"，其中最后一部分的问题是关于成长和梦想的：

我想变成谁：

1. 描述一下你想成为的那个人。

2. 你如何能最好地帮助自己成为那个人？

3. 在你变成那个人的过程中，你面临的斗争是什么？

4. 你不得不与自己身上的哪些恶魔作斗争？或者还在与哪些恶魔作斗争？

5. 你最想在哪些方面改变自己？

6. 你放弃的或是未能实现的梦想有哪些？

7. 你想让自己5年后的生活变成什么样子？

8. 你想成为的那个人有着什么样的故事？

这是关心对方成长的很好的一些问题，两个人可以就这些问题互相了解，也可以加上一些问题的探讨，例如：

我如何能帮助你成为你想成为的那个人？

我们两个人怎样共同努力可以过上我们理想中的生活？

把关心对方的成长作为一项很重要的爱的能力，这和我的人生观有关系。**我总是在想也许生命很重要的意义之一就是成长。**如果我们看到过孩子第一次站起来，摔倒又站起来，摔倒又站起来，然后能够跟跟跄跄地走出第一步时脸上的欣喜；如果我们看到过孩子第一次骑自行车掌握了平衡，忽然速度起来从你身边飞驰而过回头看你时脸上的骄傲。我们就能感受到这种本能的成长的喜悦。

少年时期，我们去感受世界，我们充满好奇地去学习，我们去建立和他人的友情，我们去思考自己是谁，想要成为一个什么样的人。我们一直在努力成长。

成年以后，有些人开始按部就班地生活，没有主观意愿上的成长，人到中年也许会感受到中年危机，会自问："我这一辈子就这样了吗？看得到尽头了吗？"老年回顾一生也许会有很多遗憾，对自己没有尽力没有尽兴的遗憾，这是因为这部分人放弃了成长。

有一句话说："有些人在25岁死去，在75岁埋葬。"说的也是同一个意思。

很多在一起多年的伴侣会对彼此感到厌倦，很多时候是因为放弃了成长，每天都是过着几乎一样的日子，没有新鲜血液流入，没有改变，自然没有热情。

在下一章我们会讲到亲密关系的层次，我们会发现真正关心对方的情感感受，关心并支持对方的成长，亲密关系才能进入比较深的层次。

第十一章

亲密关系的层次

> 最具活力的人际关系是每一方都能提高对方的人生价值。
>
> ——德日进

在我们的周围,有的情侣在相识相知之后,就认定对方是自己一生的"灵魂伴侣",无论遇到什么样的艰难或者阻碍,都不会轻易分开,愿意给彼此承诺,不离不弃;而有的情侣关系则处于脆弱和不稳定之中,一旦在最初的激情和新鲜过去之后,就变成鸡肋一样可有可无,或者在面对外来诱惑的时候,很容易移情别恋。

婚姻也是如此,有些婚姻中的伴侣多年以后仍然觉得对方是自己最亲密、最可以信赖的人,彼此之间可以无话不谈,可以为了一个共同的目标努力奋斗。回到家里,可以感受到温暖和力量,对未来充满希望;而有些夫妻则变得相敬如宾,只是在婚姻的形式下过日子,在同一个屋檐下生活,内心深处却感觉到深深的孤独。

第十一章 亲密关系的层次

这是因为即使建立了亲密关系，两个人爱的能力不同，建立起来的亲密关系的质量也是截然不同的。

马修·凯利在他的《爱与被爱的艺术》中讲述了亲密关系的七个层次模型，这个模型一来可以用来解释这些亲密关系的不同层级，二来可以说明爱的能力：了解、尊重、关心的能力在建立和维持一段良好、深入、持久的亲密关系中的重要性。

第一个层次是用寒暄来代替交流。

这种交流基本上都是偶然的或者漫不经心的、简短而肤浅的交流，相互之间不可能获得深入的了解。

例如：

"今天怎么样？"

"还行吧。"

"晚饭想吃什么呀？"

"都行。"

这种寒暄式的对话用于与陌生人的交流，也许是个不错的开端，但对于处于亲密关系中的人而言，**这种交流没有唤起我们对亲密的渴望，而且这种回答几乎**是终止了继续交流的愿望和可能性。

第二个层次是仅仅对客观事实做陈述。

这些事实包括我们的亲身经历，也包括我们从各种媒体上看到的信息，这些事实的共同的特点是普普通通，不会引起什么争议，也不会过多流露出说话人的主观的情绪和立场，这样说话的人会感到很安全。比如说有些人会讨论天气状况啊，体育赛事啊，等等。

交流一些发生的事情或者信息，比仅仅是寒暄要深入一步。但如果对话一直停留在这个层次上，尤其是如果每天发生的事情比较单调乏味，彼此的关系就会变得非常沉闷，而好的亲密关系通常是充满活力的。

一个人之所以成为一个独特的人，是因为他有自己独特的感受、想法、渴望和信仰。要了解一个人就要了解他的这些独特的方面。一个人也只有在展示自己这些独特的方面的时候，才能展示自我，才能建立亲密的连接。如果只是泛泛而谈一些事实，闭口不谈自己对这些事实的感受想法，就无法做到自我展示，对方也无法了解你。

《爱与被爱的艺术》里有一句话说得很好："**如果你不愿意告诉我你是谁，不愿意告诉我让你感动和鼓舞的是什么，那么，显然我不可能从你那里得到任何在书本上学不到的东西。这样，你就会变得沉闷乏味，不是因为你天生就沉闷乏味，而是因为你拒绝展示自己。**"

王朔在他的《致女儿书》中也表达过类似的但也许更深一层次、更有些慈悲情怀的观点，他说："普遍的看法就正确吗？你以后不要在我跟前讲普遍的看法，就讲你自己的看法。我才不要听普遍的、流行的、人民的意见。我是在跟你交流，只要知道你的想法。如果你的想法和大众一致，或者你干脆没有自己的想法，只会借用流行观念，你也别不好意思。"

第三个层次是表达各自的观点。

为什么前面两个层次的交流很常见，因为不用担心被评判，不用担心不被理解，也不必担心会引起争吵，这是一种安全的情境。当进入第三个层次，开始表达各自观点的时候，就有可能进入到因为观点的不同而引起的冲突和争吵之中。冲突和争吵是因为我们都试图让对方接受自己的观点，而不是尊重和接纳这种不同。

如果不能同那些与自己观点迥异的人和谐相处，我们就无法游刃有余地应对第三层次的亲密关系。

约翰·戈特曼在他几十年对婚姻关系的研究中，发现最伤害夫妻关系的，也是最能预测婚姻关系失败的情绪就是嫌弃。嫌弃就是不能接受对方与自己不同的想法、做法，认为自己的想法、做法优于对方的一个产物。

在之前章节我讲到"尊重"是一种爱的能力的时候，我强调的就是尊重差异。也许我不赞同你的想法，但我尊重你的想法，也许我不能理解你的想法，但是我依然接受你、爱你。

差异有它背后的情境和原因,如果我们能看到和理解,就不会轻易去评判,不会认为自己的想法和做法更好,不会觉得对方不讲道理,不会认为自己的价值观、人生观更正确,也不会希望对方按照自己的想法来做。

具备这种爱的能力,才能让亲密关系向更深层次发展。

第四个层次是对希望和梦想的交流。

爱的能力里面很重要的就是关心对方成长的能力,激发对方的潜能,让他成为他想成为的那个人,帮助他实现他的梦想。这种情境的前提就是首先自己清楚自己的梦想,然后能坦诚地交流彼此的梦想。

这两者都不是一件容易的事情。每个人成长的经历、价值观不同,渴望的梦想的也不一样,有些梦想非常隐秘,却又挥之不去。我们有些梦想不愿意与人分享,担心会被评判、嘲笑。甚至有些隐秘到自己都不愿意承认。

两个人建立深层次的亲密关系,就是可以坦诚地分享彼此的梦想,不必担心被评判或嘲笑,然后相互支持。

这种梦想可能在不同阶段有所不同,所以需要两个人经常沟通。有些梦想可能与两个人或者整个家庭相关,所以需要共同去努力完成。有时候在生活的某一阶段,一方为了支持另一方的梦想需要放弃一些即时的当下的满足。这都是爱中"给予"的方式。

第十一章 亲密关系的层次

第五个层次是对情感的交流。

我们面对不同的人、事、不同的情境的时候，会产生不同的情感和情绪反应，这些反应有些重大到可以改变我们的生活，有些微小到一闪而过不值一提，这些情感和感受填满了我们大部分的时间，组成了我们大部分的生活。每个人都期望有人分享这些感受，**当这些感受和情绪在亲密的人之间流动起来的时候，我们才真正地感受到被理解，被接纳，被爱。**

有时候我们不愿意敞开心扉，也是担心被批判或拒绝，或者觉得别人理解不了我们。只要两个亲密的爱人之间能够让彼此知道，我可以无条件的接纳你，尊重你，不会去批判和拒绝你，那么就可以彼此吐露心声，这样就会体会到因亲密和分享而产生的快乐。

不能分享这些情感情绪的时候，多数人会感到孤独，长此以往，严重的会产生一些心理上的障碍。就像作者在书中说的："所有成功的心理疗法的核心都是营造一种可以畅所欲言的人际关系。在这种关系当中，一个人可以放心地说他想说的话，可以不用有任何的担心和顾虑地袒露心声，就如同一个小孩子跟他妈妈说话一样。"

第六个层次是对缺点、失误和担心的交流。

马修·凯利在书中说：每个人都有自己想成为的那个人，

但绝大多数人永远也成不了自己理想中的那个人。没有完美的人，每个人都有弱点和恐惧，也都会沉迷于一些东西，会有自私的想法，会有一些混乱的欲望，这是每个人都有的阴暗面。这些弱点、习惯、和阴暗面会如影随形，有时候会干扰我们，成为跨不过的一道坎。在生活中，我们会隐藏这些不够光鲜不够光彩的东西，可我们心里知道，这是我们的一部分，也许是永远都无法克服的一部分。

如果两个人的关系足够亲密和放松，彼此是可以自由地表达我们的恐惧和担心，我们的力不从心或无能为力。对方的任务并不是也不可能帮我们解决这些问题，但是他们可以陪着我们，带着这些问题一起前行。

有一句话说，"万物皆有裂痕，那是光照进来的地方"。当我们彼此袒露弱点、恐惧和阴暗面，亲密关系之光就会从这个裂痕中照进来，带来温暖。

第七个层次是相互满足对方的合理需求。

斯蒂芬·柯维在《高效能人士的七个习惯》里面提出的一个核心观点，人的成长是从依赖到独立再到互赖的过程。我们小时候没有独立生活能力的时候，对于父母的那种情感是"依赖"；长大成人，我们离开父母，承担起生活，我们变得"独立"；当我们足够独立之后，我们会认识到自己是社会的人，

第十一章 亲密关系的层次

是关系中的人,在一段关系中,最好的模式是"互相依赖",这是一种成熟有效的人际关系,互相帮助,达成双赢。

马修·凯利所讲的亲密关系的第七个层次"相互满足对方的合理需求",就类似于斯蒂芬·柯维讲的第三阶段的关系"互赖"。这是一种积极协作的态度,一种抛弃"这对我有什么好处"的想法,更多地关注"我能做什么帮助你实现你最大的人生价值""我能做什么让我们的生活更加美好"的想法和行动。

这里面体现了我们对爱的定义:爱是一种积极情绪驱动下的"给予"。也体现了爱的基本前提之一:爱是一种信仰。我们相信爱,愿意不求回报地付出,同时我们也相信爱会在对方身上唤起爱。

关于亲密关系的层次模型,我想说明两点:

第一,这七个层次并不是说有孰优孰劣之分,不是说有了深层次的交流,寒暄、信息的交流就不需要了。七个层次在生活中更像是处于一种动态的、自由流动的状态,彼此的情绪情感可以交流,彼此的梦想和担忧可以分享,彼此在需要的时候能够感受到对方的支持。第二,这个模型不见得完美和完全符合逻辑,它只是用一个相对比较容易理解的方式说明了在一段良好、深入的亲密关系中应该具备的要素。如果你正处于一段亲密关系中,可以对照着来看自己的这段亲密关系是否还有可以提升的、让两个人变得更加亲密的空间。

第十二章

婚姻的历史

> "了解一切，就会原谅一切。"
> ——托尔斯泰

一、一夫一妻制符合人性吗？

首先，要给"人性"一个比较清晰的定义。人有动物本性的一面。雄性动物的一个典型的本能就是要让自己的基因能够延续下去，所以他有广撒种子的愿望。动物在交配方面是寻求新鲜感和刺激感的。公鸡效应就讲到，如果一只公鸡和同一只母鸡在一起的话，它一天交配的次数很有限。但是，如果它身边有五只母鸡的话，交配次数就会大大提升。所以从动物性这一面看，确实有人会说一夫一妻制不符合人性。

这种理解大体是把婚姻关系等同于一种以性爱为基础的激情。无论是心理学上的研究还是我们自身生活中的实践，确实可能会感受到在很多情况下激情是有一定的时间限制，或者说

第十二章 婚姻的历史

在不同的阶段有可能对不同的人产生身体上的欲望，所以从个体感官上出发，会觉得一生一世只对一个人产生欲望是不合人的本性的。

可是我们想一想，我们人之所以为人，就是因为我们跟动物不一样，我们具有真正的人性。

人性的一面首先是我们有独立的自我意识，就是我们意识到了我跟大自然是隔离开的，我跟其他人是不一样的。所以我们会有我是谁，我为什么活着的问题，我们也意识到有一天自我也终究会死亡。

这种独立的自我意识让每个人产生了不可避免的孤独感，很多人终其一生都在克服这种孤独感。克服孤独感最好的办法其实就是通过婚姻关系跟另一个人建立长久、稳定、美好的亲密关系。这会让你觉得我跟另一个人无论未来是贫穷还是富有，无论是健康还是疾病，你们都会在一起互相支持，互相关心，产生深度的连接才会有的感觉。

如果是只强调人的动物性的那一面，只是换着对象去交往，你的内心会依然空虚，甚至这种孤独感也会加重。

第二，我们都生活在社会中，不仅仅是单独的个体，马克思说："人是所有社会关系的总和。"你要遵守社会现有的法律、规范、要求、道德标准，等等。否则就会把自己陷入一个危机重重，四面楚歌的境地。

第三，一夫一妻制的婚姻关系是随着生产力和生产关系发展到私有财产的出现而出现的，是符合社会发展规律的。

除非你是生活在中国古代妻妾成群，或者是生活在比如说伊斯兰教国家可以一夫四妻，这跟当时或者那个地域的生产力或者生产关系是有关联的。但是如果你生活在中国，或者绝大多数国度里，都必须遵循一夫一妻制，这也是人性本身应有的一面之一。

总结下来，一夫一妻制是符合人性的，符合人的社会性的。

当然整个社会对婚姻的态度越来越包容和开放，对于不婚、离婚、甚至同性婚姻都越来越包容，但一夫一妻的婚姻制度在我们的有生之年应该不会消亡吧。

二、婚姻的历史

借着这个问题让我们来谈一谈婚姻发展的历史，一个事物只有放在一个历史的角度，了解它的来龙去脉，而不仅仅从当下这一刻它所承载的意义和期望来看，才能更好地理解它。

如果我们回顾家庭以及与之密切相关的婚姻制度发展史，

第十二章 婚姻的历史

就会更容易理解它是一个社会发展的产物。并不是一个自然的，或者以符合人性为目的的产物。或者说最初婚姻的产生，并没有承载当今这个时代赋予它的爱情热烈、性爱专一等要素。

在家庭产生之前，人与人之间处于杂乱的性关系状态。**这种杂乱的状态并不是说一片混乱，而是说后来由习俗所规定的那些限制和禁忌在当时是不存在的。**比如说兄弟姐妹之间，甚至父母和子女之间的性关系，在某些时候都是允许的。

而称得上"家庭"的组织单位，主要经历了四个发展阶段：

第一个阶段叫做血缘家庭。这是群婚的一种形式。在这个阶段婚姻是按照辈分来划分的：在家庭范围内的所有祖父和祖母，都互为夫妻；他们的子女，即父亲和母亲，也是如此；父母亲的所有子女，都互为夫妻。也就是说这种血缘家庭的形式中，只排除了跨辈分的男女之间互为夫妻的可能性。这里的互为夫妻就是指可以发生性关系，并生下子女。

目前血缘家庭已经绝迹了。但各种证据表明它确确实实存在过。

第二个阶段叫做普那路亚家庭。这个阶段排除了兄弟姐妹之间互为夫妻的可能性，但仍然属于群婚制。

这一进步直接导致了母系氏族的建立。首先在一切形式的群婚家庭中，谁是孩子的父亲是不确定的，但谁是孩子的母亲是确定的，所以血缘和世系包括所有的兄弟姐妹关系只能从母亲方面来确定。又因为一切兄弟和姐妹间的性关系的禁规被确立，家庭就发展成为了一个确定的、彼此不能结婚的女系血缘亲属集团，这个集团就与同一部落内的其他氏族区别开来了。

　　第三个阶段叫做对偶制家庭。由于各种亲属关系和婚姻禁忌日益错综复杂，群婚就越来越不可能，于是群婚就被对偶制家庭替代了。在这个阶段上，某一个男子主要和某一个女子共同生活。但这种婚姻关系很不牢固，婚姻可以根据夫妇双方任何一方的意愿而解除。解除之后男女各自回到自己的母系氏族之中。

　　这个阶段初期和之前的两个阶段一样，在生产关系上仍然处于共产制的家户经济，因为还没有过多的生产资料的盈余，每个家庭独有的财产还没有被确立，私有制还没有产生。

　　但是，随着畜牧业和农业的发展，开始有了畜群等能够持续繁殖，持续提供乳肉食物等财产的出现。这些财富，一旦转归家庭私有并且迅速增加起来，就给了以对偶制婚姻和母权制氏族为基础的社会一个强有力的冲击。因为按照当时的家庭分工，丈夫负责获得食物和为此所必需的劳动工具，他拥有这些劳动工具的所有权，即家畜和奴隶的所有权。但是他们的子女却属于母亲那个氏族，不能拥有他们财产的继承权。

第十二章 婚姻的历史

随着财富的进一步增加，一方面使丈夫在家庭中占据比妻子更重要的地位；另一方面，产生了利用已经增强了的地位，来废除传统的继承制度使之有利于自己子女的原动力。于是氏族的成员决定氏族男性成员的子女留在本氏族内，女性成员的子女离开本氏族转到其父亲的氏族内。这样就废除了母系的世系传统和母系的继承权，最终确立了父系的继承权。

第四个阶段是专偶制家庭。专偶制家庭是建立在丈夫的统治之上的，它的最主要的目的就是要确定妻子生育出来的子女是自己亲生的子女，继而以继承人的资格继承财产。所以专偶制是要保证一个妇女只有一个丈夫，但在最初并没有要保证一个丈夫只能有一个妻子。后来才慢慢发展为如今大多数国家和地区所采取的一夫一妻制。

所以专偶制不是以爱情或者性爱为基础的，而是以经济条件为基础，即以私有制对原始的自然产生的公有制的胜利为基础的第一个家庭形式。

了解婚姻的历史，对于我们更好地理解婚姻，以及婚姻与爱情的关系是有一定的意义的。**婚姻的最初产生是生产力与生产关系发展的产物，它更像是一种经济上的契约，而不是情感上的契约。**

（以上内容来自恩格斯《国家、私有制及家庭的起源》。）

三、现代婚姻、爱情、性爱的矛盾与统一

回顾婚姻的历史，我们可以看到最初专偶制的婚姻与爱情和性爱并无太多关联，而更多的是一个经济上的契约。契约的前提是生产力的发展产生了生产资料和生活资料剩余，进而产生了财产的私有制。契约的目的是在妇女的生产能力远远低于男人的情况下，男人提供生活资料保证妇女的生存，而妇女要对男人忠诚来保证两人生下的子女是男方的亲生血脉，把孩子抚育成人，长大后继承男方的财产。

从历史上来看，爱情发生在与婚姻完全不同的地方。

在古希腊，爱情发生在男人和男人之间，是一种智慧和思想的交流、碰撞与传承；在中国古代的小说里，爱情发生在贾宝玉和林黛玉之间，两小无猜，纯洁无瑕，并不必然导致性爱和婚姻；在十二世纪的法国，普罗旺斯的行吟诗人深谙爱情之道。"他们懂得一个优美的身影可能引起痛苦，美好的约会之前会有紧张失眠，而呢喃的情话或眉目传情又将带来多大的欣喜。但他们不愿意与自己热恋的对象组建家庭，甚至不愿意与他们共享性爱"。（阿兰·德波顿《如何思考男人和女人》）

至于热烈的性爱，在现代文明社会之前，更多地发生在合法的风月场所。中世纪被诗人们所歌颂的骑士之爱，如破晓

第十二章 婚姻的历史

歌,是普罗旺斯爱情诗的精华,"用热烈的笔调描写的是骑士怎样睡在他的情人,也就是别人的妻子的床上,门外站着侍卫,当晨曦初露时,便通知骑士,使他能悄悄地溜走,而不被人发觉;接着是叙述离别的情境,这是歌词的最高潮"。这个性爱是发生在婚姻之外,是反婚姻的。

到了现代,人们对婚姻的期望其实是爱情、家庭和性爱的统一,即找到一个人,这个人既能满足我们对家庭中的另一半的责任和义务的期望,诸如分担经济上的生活成本,共同分担赡养老人、抚育孩子的责任义务,同时又是我们爱恋的对象、欲望的对象。这是一个非常高的期望,因此也带来了非常多的失望。

在物质生活匮乏,人们还要为温饱而花费极大的时间、精力的时候,人们对婚姻的期待更多的是两个人在一起过日子,传宗接代,很少有人会因为婚姻中缺失了爱情的浪漫或者性爱的激情而对婚姻失望,甚至选择离婚。但在当代,就像我在之前提到的咨询过程中经常遇到的问题,人们会因为感觉不到浪漫的爱情了,或者激烈的性爱了而考虑要不要离婚,人们会把孩子称为"爱情的结晶",把性爱称为"夫妻生活"。就是因为有了对于婚姻应该是爱情、家庭和性爱三者的统一这样的期望。

这个期望得不到满足的时候,人们会认为也许是这个人不合适，换一个人，换一个结婚对象会满足自己的期望。还有一部分人由于对婚姻的失望会选择在婚姻之外去寻找浪漫的爱情或者激烈的性爱。这也是当代社会离婚率上升、婚外情亦时有发生的原因之一。

如果我们理解了婚姻的属性，理解了婚姻与爱情、激情的区别，我们就会对婚姻抱有更切合实际的期望。我们也会理解婚姻、爱情、激情的统一是一个理想的状态，是需要我们付出极大的努力去达成。从对对象的选择，到彼此爱的能力的学习和实践，到婚姻中不断出现的各种问题的处理，都会有一个正确的、积极的、知难而进的态度。

第十三章
婚姻到底是什么？

> 婚姻不是一张彩票,即使中奖也不能一撕了事。
> ——诺尔斯

我们可以看到最理想状态的婚姻是以爱情为基础,婚姻存续期间,夫妻感情上始终相爱,身体上还有热烈的性爱。

但从我们上面讲到的婚姻的历史,以及我们生活中的实践或案例来看,我们都能够得出一个结论:婚姻和爱情不是同一种东西。我们可以分别地了解它们,再试着结合两者。

我用了解、尊重和关心这三个关键词来诠释了作为动词的"爱",下面我也用三个关键词来诠释我理解的婚姻。

第一个关键词是契约。

简单来说,婚姻关系是两个人之间达成的、具备法律效应的一种契约。既然是一种契约,婚姻就应该涵盖契约的必备要素。

如果我们去看《中华人民共和国婚姻法》,会发现整部婚姻法都是在讲婚姻作为一个契约该具备的内容。

第十三章 婚姻到底是什么？

第一章"总则"里面强调了婚姻这个契约的应用范围、基本原则及禁忌。

第二章"结婚"讲了契约也就是结婚的缔结条件和有效性。

第三章"家庭关系"讲了婚姻存续期间夫妻双方对彼此、对共有财产、对子女老人的享有的权利和应尽的义务。

第四章"离婚"讲了契约的终结条件，契约终结后两个人对彼此及对子女的义务，以及对共有财产的分割权利。

第五章"求助措施与法律责任"讲了国家相关机构对于这个契约的保护，以及对违反契约者的相应惩罚措施。

这里鲜明地体现出爱情和婚姻的不同，爱情更多的是两个人之间的事儿，在爱情里有更多的自由，也允许有更多的变化和可能性。无论在哪一个国家，并没有所谓的爱情法。而婚姻则是一种契约，并且有它的社会属性。婚姻法体现了婚姻的社会属性，即婚姻可以说是社会组织的最小单位，而不仅仅是两个人之间的事儿，婚姻需要得到社会的承认，婚姻里的权利义务受到国家和社会的保护和制约，如果出现违背契约的情况，社会相关机构会介入和干预。

如果说婚姻法规定了婚姻这个契约的最基础、最通用的内容的话，在婚姻法之外，两个人根据具体情况，还要达成关于结婚以及生活的契约。

有少数会用书面的形式，比如说婚前财产协议白纸黑字地记录下来，但更多的是两个人或两家人的口头承诺。比如说在有些地方婚前有男方向女方家庭给彩礼的习俗，彩礼的数额可能要双方及双方家长共同商议决定，如果在彩礼上没有达成共识，婚姻这个契约就没办法成立的情况也是有的。

比如说婚后在哪里生活，在哪里居住，要不要孩子，要几个孩子，如果孩子需要一个人牺牲或暂时牺牲自己的事业发展，花更多的时间来照顾的话，谁来承担这个责任。

比如说两个人婚后财产是不是共有，是不是共同承担生活的开销。如果某一方的家人或者亲人需要经济上的支持和帮助，是否可以或者在多大程度上可以用两个人的共同财产去支持。

比如说两个人的相处中是希望相互比较独立，互相尽可能的不干涉对方的自由和隐私，还是希望两个人没有距离，无话不谈，彼此的手机密码都要共享。

比如说家务如何分配，假期如何度过，要不要买保险保障未来的生活，等等。

这些大大小小的承诺和契约有些会事先商议妥当，有些会不断地发展变化，有些是在婚姻生活中面临新的情况出现时才需要面对。

如果我们把婚姻理解为一个契约的话，就不会过度地把它

第十三章 婚姻到底是什么？

和爱情纠缠在一起。还是重申我的立场，并不是说婚姻不要以爱情为基础，或者婚姻存续期间不需要彼此相爱，理想的婚姻当然是要以彼此相爱为基础，并在婚姻存续期间处于彼此相爱的状态。但是理解婚姻是一个契约的话，我们在结婚前就会清楚地考虑除了爱情之外的其他因素，包括：

第一，对方在生活中的很多方面，比如说家庭生活习惯和消费习惯、对双方家人的态度等方面，是不是能够达成共识，即能否形成契约。而不是只是因为爱情或冲动在一起，而生活中又因为种种所谓的"三观不合"产生各种冲突，导致婚姻的失败。

第二，对方是不是有承诺的意愿和能力，承诺的意愿包括是否愿意为了家庭，为了长久的共同生活可能会牺牲一些自己的利益、改变习惯，承诺的能力包括对方是不是会为自己承诺的事情负责任，具备完成承诺的能力。

如果我们把婚姻理解成一个契约的话，就不会把对方的付出当成理所当然，"你爱我就应该为我做任何事情"，而是遇到问题的时候，比如说对方没有做到你期望他做到的，或者他答应你要做到的事情没有做到的时候，不会直接归因于对方不爱自己了，变心了之类的这种不成熟的态度，而是成熟理性商量如何重新建立契约，最终去解决具体的问题。

当婚姻因为某种原因走向终结的时候，也不会过于自暴自弃、爱恨交加、怀疑人生。而会更加理性地对待这件事情，处理好契约终结时彼此应该处理好的事情。

第二个关键词是融合。

婚姻的第二个特征是两个人的深度融合。融合主要包括经济、生活、血缘和未来预期的融合。

生活不只是爱情的风花雪月，更多的是柴米油盐。婚后生活在哪里，是不是需要买房，买房的话谁出钱来买，贷款的话以后每个月如何支配两个人的收入来保障还款，以及婚后的孩子教育，赡养老人，等等，这些都涉及经济上的融合。

当然没有结婚的情侣之间可能也会有经济上的融合，会共同分担生活的开销，但这种短期的、不规律的融合度和婚姻里的融合度相比要低很多，也会随着两个人感情的发展变化充满了未知。

当然也有结婚之后一直保持经济上的各自独立，采取AA制的夫妻，这在婚姻中所占的比例相对比较少。我们不另做探讨。

两个人结婚后在多数情况下同吃同住，共同度过工作之外的很多时光，连看哪个电视频道可能都要互相配合迁就，这是生活上的融合。而没有结婚的也没有长期同居的情侣之间，可能只是定期的见面、约会，各自的生活习惯和爱好不会受到对

第十三章 婚姻到底是什么？

方特别多的影响。

血缘上主要是结婚不是两个人的事情，而是两家人的事情，彼此改口叫对方的父母"爸"和"妈"的那一刻起，两家人就被联系在了一起，两个人要共同孝顺赡养双方的四个老人，一方家的兄弟姐妹或者亲戚有需求，另一方也会一起伸出援手。尤其是两个人有了共同的孩子之后，就会产生真正意义上的血缘关系。在我们的原生家庭和亲情之外建立起了自己的家庭和亲情，这个家庭中的人成了自己生命中最重要的人。

说到这里，再去看在咨询的过程中，经常有人会问我的关于婚姻的问题，就清晰多了。

比如说，经常有人问我："婚姻不幸福了要不要离婚？"我通常会给出下面的回答：

首先，婚姻其实是两个人之间的一种契约关系，它明确了两个人之间的责任和义务，并没有任何人向你郑重地承诺，婚姻就要保证你甜蜜和幸福。这种甜蜜和幸福是婚姻中最理想的附加价值，但不是承诺和必须。作为一个独立的成人，要为自己的幸福负责任，而不能完全依赖婚姻中的另一半带给你幸福。

第二，婚姻是人际关系的一种，和其他人际关系一样，婚姻中两个人的关系也不会是一帆风顺，一直甜甜蜜蜜的。在现实生活中，婚姻从来都是喜忧参半的，是一个问题接着另一问题的。这就是婚姻本来的样子,这也是生活本来的样子。只有在爱情小说或者童话故事里,才有那种公主嫁给了王子,从此过上了幸福生活的结局。所以我们要区分开现实和童话,不要因为婚姻不那么甜蜜了,没有幸福的感觉了就马上考虑要不要离婚。

第三,如果结婚是两个人之间正式缔结的一个具备法律和社会效应的契约的话,那离婚就是一个对这个契约的终止。这是一个很重大的,需要理性作出的选择。离婚的成本,包括财产的分割,也就是经济成本,包括孩子的抚养,老人的赡养等生活成本。还有一些看不见摸不着的在情感上会付出的成本,包括离婚后的低落、情绪的起伏,包括和前夫或者前妻、和你们共同孩子整个的情感纠缠,等等。

第四,离婚之后你是不是一个人可以过得更好,或者有更好的替代选择。你的可替代选择能够带给你的是什么,也就是你离婚了还能不能找到一个比你在婚姻里另一半更适合你,能带给你美好生活的另外一个人呢?或者你说我不找了,那你一个人的生活就一定比在婚姻里更好吗?

总之,**婚姻不是儿戏,离婚应该是一个深思熟虑的慎重选择。**

还有一类最常被问起的问题是,结婚几年或者多年以后,两个人之间感觉不再亲密,也没有夫妻生活,但也没有不能忍

第十三章 婚姻到底是什么？

受的冲突和矛盾，这样的婚姻还要维持吗？

渡边纯一在他的书里曾经说过一个观点：维持"相敬如冰"的假面夫妻关系也不失为一种智慧。大意是这样的：

结婚多年以后，很多夫妻没有了夫妻生活，没有太多的共同语言，甚至连改变这种关系的动力也没有了，变成了流于形式的假面夫妻。

这时候女人多少还会对这种关系有或者至少有过疑问和思考，男人对于假面夫妻关系似乎更容易接受，甚至认为婚姻就是大概就是这样子的吧。

其中的原因主要在于男人的生活重点在于社会生活，换言之，工作是他们生活的重心，家庭只是支撑这一重心的陪衬部分。倘若待在家里不舒服，就埋头工作，或者增加与同事朋友的交际，晚些回家，尽量减少与妻子接触的时间就行了。妻子要求夫妻生活的时候，男人就会推说"太累了""太困了"，用这种方式来搪塞，也能将婚姻至少在形式上维持下去。

避开棘手的重大问题往前进，从某个意义上来说，也是人类的一种智慧。夫妻双方如果没有离婚的能量和勇气，则避开实质问题，互相戴上面具，相敬如宾，避免冲突，也不失为一种智慧。经历过一段时期的假面夫妻关系，上了年纪之后重新心心相印的夫妻也不是没有。当双方都随着年龄增长而精力减退、心气减弱，对别人都失去了吸引力，觉得只有对方才是自己生存下去的依靠的时候，这种情况就会发生。

虽然听上去不那么积极，但考虑到婚姻终止的种种成本和麻烦，这在现实生活中也不失为一种处理方式。

这两个问题的回答都是基于婚姻与爱情不同，婚姻是一种契约，一种高度的融合而言的。

婚姻的第三个关键词是安全感。

虽然有人会认为现代社会婚姻自由，离婚率也相对较高，婚姻不能提供足够的安全感。不可否认的是，无论是基于受到法律保护的契约，基于高度的融合，还是基于在一起多年养成的习惯，或者积累的感情的厚度，**婚姻能带给当事人比爱情更多的安全感。**

我因为工作关系，会接触到一些同性恋群体，他们的情感状态和异性恋相比往往都不太稳定。因为在同性恋婚姻还不被允许的社会中，他们基本上只能处于恋爱的状态，而不是婚姻的状态，没有共同的孩子，由于父母或者社会的不接纳，很多同性恋情侣甚至处于半地下的状态，所以很不稳定，也就是说处于其中的人感受不到处于婚姻中的当事人那种安全感。毕竟爱情中的分手比起受到法律保护、生活各方面都高度融合的婚姻的结束要容易得多。

第十三章　婚姻到底是什么？

之前我们谈过最理想的婚姻当然是要以爱情为基础和前提的，但不可否认的是，人们对于婚姻的期望除了爱情之外，还有它附加的功能性的需求。比如说也有一部分人结婚是为了安全感，为了一起分担生活压力，承担未来生活中种种的不确定性，面对不可回避的生老病死等人生难题。对这部分人来说，婚姻更多的是一种功能性的满足，提供的是"过日子"的踏实感和安全感。

还有一个现象很有意思，就是男女在谈恋爱的时候，双方见面都会刻意打扮一番，交谈的时候也会尽量把自己好的一面展示出来；而结婚以后就会放松下来，把自己真实的一面展示出来。这从一个侧面说明了爱情中的不确定性和婚姻中的安全感。因为感觉安全了，所以不再需要去刻意伪装和努力。

所以我说，婚姻会带给当事人比爱情更多的安全感。

另一个层面的安全感来自感情的厚度。**如果说爱情里的感情是有热度的，那么婚姻中的感情就是有厚度的，这是由时间累积带来的对于未来的一种积极的预期。**

我有一个咨询对象，中年男士，和妻子结婚二十几年，夫妻生活屈指可数，因为妻子对这方面没有需求。而男方需求比较强烈，所以在婚姻之外有一个比较稳定的情人。这段婚外情持续了十几年，中间几度试图离婚和情人组建家庭，由于种种原因没有结果。

我见到他的时候，他已经四十多岁了，妻子其实也已经可以平和地接受离婚的决定，也能一个人独立生活的很好，但他却选择和情人断绝了情人关系，回到妻子身边，虽然内心非常痛苦。

我问他什么原因促使他作出这个选择，他说一个是因为和妻子在一起这么多年生活习惯了，中间试图搬出来生活过几个月，特别不适应。更重要的一点是，他觉得自己已经人到中年了，未来的事业发展、生活状况基本是可以预见到，自己不能再带给情人什么了，不能给她曾经的那种启发、关心，不能让她更好地成长了，所以和情人在一起就特别有危机感，而和自己的妻子在一起，因为这么多年的感情，他相信自己就算不再进步，就算未来一事无成，就算生老病死，妻子也会陪在自己身边。

这位男士的心理就体现了婚姻带来的安全感，一种对于未来相对比较确定和乐观的预期。**老夫老妻，一方生病另一方不闻不问，或者有条件却不救助治疗的现象还是比较少见的，基本上还是能做到在风烛残年相濡以沫。**

上面是婚姻的三个关键特征，但正如我之前说的，最理想的婚姻状态是结婚以爱情为基础，婚后在婚姻存续期间始终保

第十三章 婚姻到底是什么？

持爱情的存在，或者我们称之为亲密关系的存在。在这种理想状态下的婚姻中我们就会感受到幸福。换句话说，婚姻本身并不承诺和保证幸福，但是作为具备主观能动性，可以决定和改变自己行为的人来讲，我们可以通过婚姻中的一些努力，一些积极行为来获得相应的幸福。

这是我很想强调的一个观点，**婚姻并不保证爱情，婚姻也并不保证幸福。**

即使在一段稳定的婚姻中，所谓稳定就是基于契约、基于融合、基于对安全感的依赖，和对未知的恐惧，人们不会选择轻易离开一段婚姻，**即使在这样一段稳定的婚姻中，爱情也是需要双方共同努力去获得和维护的。** 爱情是一种感受，感受具有时效性，也就是今天存在，但并不保证明天存在，所以获得爱情从来不是一劳永逸的事情，是一个持续地努力的过程。就像我在之前谈到爱是一种能力的时候强调的，爱是持续不断地了解、尊重和关心，因为人是一个不断发展变化的人。

好的婚姻和亲密关系会带来幸福感，但幸福不是一劳永逸的事情。所以"婚姻不幸福了要不要离婚"，这个问题中有两个假设错误，一个就是婚姻是承载着幸福的责任的，第二个就是幸福是一个终点、一个结果，而不是一个过程。

哈佛大学教授泰勒·本·沙哈尔在他的《幸福的方法》一

书中谈到,"我是否幸福"这个问题本身就暗示着对幸福的两极看法,要么幸福,要么不幸福。在这个理解中,幸福成为一个终点,一旦达到,我们对幸福的追求就结束了。实际上这个终点并不存在,对这一误解的执着,只能导致不满和挫败感。与其问自己是否幸福,不如去探求一个更有助益的问题:"怎样才能更幸福?"幸福是一个需要长期追求、永不间断的过程。

同理,与其问"婚姻不幸福了要不要离婚",不如去探求一些更有助益的问题,"我如何才能幸福""我如何做才能在婚姻中感受到更多的幸福"。把这些问题深思熟虑,分解成行动,把行动落地,持续地行动,才是解决之道吧。

第十四章
如何在婚姻中维持良好的亲密关系

> "修复婚姻或预测离婚的关键不在于你如何去处理分歧,而在于当你们不争吵的时候,你们是怎样相处的。"
>
> ——约翰·戈特曼

什么是亲密关系?

之前我们谈到婚姻和爱情、激情是不同的东西,当然最理想的状态是三者的合一,但这是一个非常难以做到的状态。因为爱情的无常、激情的有限。在这里我想提出一种观点,就是:**与其一定要融合三者,不如更切合实际地来谈一谈两个人如何保持在婚姻中的亲密关系。亲密关系在、连接在、信任和安全感在,这已经是一段相当不错的婚姻了。**

首先来看一下什么是亲密关系。**专家认为亲密关系和普通关系至少在六个方面存在差异:了解程度、关心程度、相互依赖性、相互一致性、信任度和忠诚度。**

了解程度是指亲密关系中的两个人比其他人更了解彼此的经历、爱好、偏好、梦想,等等,这种了解是需要适时更新

第十四章　如何在婚姻中维持良好的亲密关系

的。这个在谈到爱的时候，我很详细地谈到过，没有足够的了解，何谈爱上一个人，何谈和一个人建立了亲密关系呢？

关心程度是说亲密关系中的两个人彼此更关心对方，彼此能从对方身上感受到比其他人更多的关爱。从生活中的饱暖到心情的起伏，从此时的压力到对于未来的梦想，关心彼此的状态，并愿意为彼此更好的状态做出一些自己能做的努力。

相互依赖性是指亲密关系中的两个人生活也是交织在一起的，一方的行为在影响自己的同时也在影响对方。"相互依赖性是指他们彼此需要的程度和影响对方的程度，这种相互依赖是频繁（经常影响彼此）、强烈（彼此都有显著的影响）、多样（以多种不同方式影响彼此）、和持久的（彼此影响的时间很长）"。这个类似于我之前讲到的人的成长是一个从依赖到独立再到互赖的过程中的互赖。（罗兰·米勒、丹尼尔·伯尔曼《亲密关系》）

相互一致性是指由于这种相互的依赖和连接，两个人会认为彼此不是"我"和"他或她"，而是"我们"。会从心底里认同在生活中的融合。做决策的时候、行动的时候会考虑两个人共同的利益，会倾听和尊重彼此的声音和想法，必要的时候，会为了共同利益牺牲或舍弃自己的部分满足。

信任度是指两个人相信对方会善待和尊重自己，相信这段亲密关系不会带来伤害，相信对方会愿意满足自己的期待，关注自己的幸福。这也类似于我们之前说到的婚姻的三个关键词中的"安全感"。

忠诚度是说因为这种信任和期望选择忠诚于这段关系，期待和相信这段关系的长久。

一般而言，最令人满意的亲密关系应该包含这六个要素，如果只包含其中的某个或者某几个要素，亲密关系就会相对减弱一些。虽然亲密关系千姿百态，但有了这六个维度的参考，对我们是一个指引，让我们了解到自己的亲密关系中欠缺的东西，从而知道努力的方向。

在婚姻中维持良好的亲密关系，这并不是一件容易的事情。

离婚率的上升是最显性的一个证据。

有些人可能觉得离婚并不是一件大事儿，所以并不会花时间和心思去维护婚姻中的亲密关系。其实离婚是一件比我们想象中更严肃的事情。

密歇根大学的两位教授罗伊斯·维尔·布鲁根和詹姆斯·豪斯的研究表明，不幸婚姻的承受者患病概率大概增加35%，平均寿命缩短4年。与那些离婚或身处不幸婚姻的人相比，生活在幸福婚姻中的人活得更长久，更健康。哈佛大学的研究也证实了这一点。

第十四章　如何在婚姻中维持良好的亲密关系

离婚时，夫妻双方当事人并不是唯一的受害人，孩子也会跟着受到影响。孩子最早从自己如何被爱中来感受爱，学习爱，从观察父母的互动中感受爱，学习爱。父母之间没有爱，有的是冷战、冷漠、争吵、甚至暴力，对孩子可能会产生严重的负面影响甚至伤害。

在婚姻存续中的夫妻中，很多人在婚姻中只是因为出于对孩子的责任义务，或者出于离婚所带来的成本和麻烦的考虑，或者对离婚后一个人生活的种种不确定性的恐惧，等等。这样的婚姻中两个人的关系已经没有了了解、关心、支持、爱护，或者说已经没有了亲密。这样的存续的婚姻关系也并不等于或者远远不同于我们所说的良好、深入、持久的亲密关系。

还有一些外遇的例子，是在婚姻之外寻求本该是婚姻中提供的亲密。很多人认为外遇是婚姻关系破裂的罪魁祸首，其实这个因果关系在很多情况下是倒过来的。也就是说，因为婚姻中的亲密关系不在，所以人们才会向婚姻之外的某个人寻求亲密，这才导致了外遇的发生。在外遇发生的时候，首先应该思考和反省的是两个人的亲密关系出了什么问题。

渡边淳一在《男人这东西》里面，说到男人出轨这件事儿，站在男性的角度，给做妻子的提了一些建议。

他说男人如果想要和一个婚姻外的女性保持较长期的亲密关

系，还要掩人耳目，是件要付出精力、体力、经济等各方面的巨大努力的麻烦事。这么麻烦还要去做，多半是由于对现有身边人的不满。所以做妻子的得知了丈夫的外遇，也不要一味地指责丈夫，可以先思考一下自己是不是有对对方造成伤害的地方。

首先，男人在外面工作，回家希望感受到温暖。比如说，男人平时工作忙，可能不怎么回家吃晚饭，有一天突然提前回家，问："有什么吃的吗？"妻子没有准备晚餐，可能就会随口说："回家吃饭也不提前说一声，哪有什么现成的吃的。"男人听到这种冷冰冰的回答就会觉得自己成了不受欢迎的人，感觉不到家庭的温暖。可能妻子也觉得自己很累，但哪怕煮个面，或者叫个对方爱吃的外卖都能让对方感受到关怀和温暖。

其次，男人很在乎面子，自尊心极强，最不能忍受的就是自己的能力、人格、地位收入等被否定。而妻子正是由于和丈夫在一起生活久了，见多了丈夫的小缺点小毛病，很难对丈夫始终保有尊敬和敬仰之心，时不时会对丈夫的言行批评指责，做丈夫的就会觉得很不受尊重，在妻子面前找不到尊严，时间久了，可能就有了想逃离之心呢。

最后，关于夫妻生活这件事儿，有些女人可能觉得这件事儿可多可少，甚至可有可无，但对很多男人来说，这个需求就

第十四章 如何在婚姻中维持良好的亲密关系

是刚需,和吃饭一样是没有不行的。如果家里不能开火做饭,我也不能饿死啊,家里满足不了,自然就会在外面找机会解决了。在我们咨询案例中,提出这类夫妻生活的需求在家里得不到满足的问题的男性特别多,所以虽然男人在家不一定直说,但这可能是一个挺普遍的问题呢。

当然这是完全站在男性角度的观点,换过来站在女性角度道理也是一样。女人也需要情感上的关怀,事业上的鼓励和支持,身体上的肌肤相亲和满足,以及对孩子照顾和家务压力的共同承担,如果这些在婚姻中原本应该由丈夫来做的事情没有得到满足,有些人也有可能会有外遇的想法。

我们该怎么做?

为了避免这些糟糕的婚姻或者离婚带来的危害,面对婚姻中存在的问题,有很多专家做了很多研究,给出的相关建议,多数是以解决婚姻中的冲突和问题为主的。前提假设是只要解决了婚姻中两个人的冲突和问题,婚姻就幸福了,两个人的亲密关系就建立起来了。这是一个很大的误区。

首先婚姻中没有问题和冲突并不等于两个人的亲密和婚姻的幸福,例如我上面举的夫妻相敬如宾的例子,没有任何冲突争吵,但两个人远离彼此,这样的关系称不上亲密,这样的婚姻也称不上幸福。

反过来说，存在问题的婚姻也不等于不幸福。所有的婚姻中都存在问题，而且大多数存在的问题是解决不了的问题。

我个人比较喜欢的是美国华盛顿大学心理学教授，从事家庭关系方面研究长达40年的约翰·戈特曼的一些解决方案。他的解决方案是多年实践中观察总结出来的智慧，也更容易应用到婚姻的实践当中去。

戈特曼认为，"**修复婚姻或预测离婚的关键不在于你如何去处理分歧，而在于当你们不争吵的时候，你们是怎样相处的**"。一段好的牢固的婚姻是基于夫妻间深厚的友谊。

这个观点很好地回答了关于婚姻的疑问，比如说："结婚多年，激情不在，无性婚姻，还要不要在一起？"首先有没有夫妻生活并不是衡量一段亲密关系好坏的标准，这和每个人的身体情况、偏好、习惯都有关系。其次亲密接触也不限定在性行为上，即使不发生性行为，两个人也可以有身体上的亲密。有时候我们往往忽略了，很多时候没有性生活或者亲密接触是**因为两个人之间不再感到亲密了，也就是说无性是不再亲密的结果，而不是原因。**

无性之外，还有没有身体上的亲密，比如说愿意接近对方，牵手拥抱，肌肤相亲；还有心理上的亲密，愿意有话和对方说，愿意和对方分享生活中的美好时刻，一起做生活中的一些小事儿。或者用约翰·戈特曼的话说还有没有深厚的友谊，才是判断一段婚姻是否有问题，是否应该继续的重要因素。

基于对婚姻40年来的专门研究，戈特曼提出了幸福婚姻的七个法则，这里和大家分享其中的三个我认为对于中国的婚姻关系比较有启发的原则。

第一个，夫妻之间要"相互尊重"并"以对方为荣"。

关于"尊重"我在之前讲过很多了。这里的"以对方为荣"的观点我觉得很好。因为研究表明，最容易导致两个人分开的情绪是"嫌弃"，也就是看不上对方，不再以对方为荣。

我在做情感咨询的过程中，听到一方对另一方的描述，如果有不满、有委屈、有愤怒等等的情绪，这还有补救的机会，如果描述里面充满了嫌弃甚至是蔑视，就很难扭转局面了。有时候这种嫌弃也并不是因为对方有很大的不足或者很差，一个人总是有优点有缺点的，甚至一个人眼中的缺点在另外一个人眼中就会变成优点。所以这是一个看对方的角度和态度问题，是主观的判断和感受。

很多时候嫌弃是一种态度，一种两个人在相处过程中累积下来的一种情绪，并不是针对于那个嫌弃的特定特征的。也就是说，有时候即使那些被嫌弃的地方改进之后，对方还是会找到新的嫌弃的地方。

很多人说婚后的争吵都是些鸡毛蒜皮的小事,比如说是不是把马桶盖放下了,牙膏是从哪一头开始挤,袜子是不是随便扔在地上,最后会因为这些小事儿关系破裂。我认为很多时候应该是关系先出了问题,两个人已经没有了亲密,然后情绪会以这些小事儿作为宣泄的出口,这些小事成了遭人嫌弃的诱因而已。

一段关系里不是一个人做的好就可以的,所以我经常劝那些感情失败而怀疑自己、一蹶不振的人,不要因为另一个人否定你或者拒绝和你建立亲密关系,就全盘否定自己。那是对方看你的态度和角度而已。要对自己有客观的,最好是乐观的态度。

几乎所有的婚姻中都会或多或少存在一些问题,甚至是一些争吵,但是,**你去观察幸福的婚姻,会发现其中的夫妻双方都保留了一些最基本的感觉**,觉得对方值得尊重、敬佩和喜爱。当夫妻双方完全没有这种感觉的时候,他们的实质上的夫妻关系也就走到了尽头。

关于夫妻间的喜爱与赞美,戈特曼设计了一个测试问卷,我把它分享给大家:

为了评估你的喜爱与赞美系统的现状,请仔细阅读下面的句子,并在"正确"(T)或"错误"(F)项上画圈。

第十四章 如何在婚姻中维持良好的亲密关系

1. 我可以很容易地列出配偶最让我佩服的三件事。

   T   F

2. 当我们分开的时候，我常常深情地思念着我的配偶。

   T   F

3. 我常常能找到一些方法来告诉配偶"我爱你"。

   T   F

4. 我常常满怀深情地抚慰或亲吻配偶。

   T   F

5. 我的配偶真的很尊敬我。

   T   F

6. 在我们的夫妻关系中，我感到被人爱，被人关心。

   T   F

7. 我觉得自己被配偶接受并喜爱着。

   T   F

8. 我的配偶觉得我既性感又迷人。

   T   F

9. 配偶让我感到性兴奋。

   T   F

10. 我们的夫妻关系充满激情。

    T   F

11. 浪漫无疑仍是我们夫妻关系的一部分。

    T   F

12. 我真的为配偶感到骄傲。

    T   F

13. 我的配偶真的欣赏我的成就和才能。

    T   F

14. 我可以很容易地告诉你我为什么同现在的配偶结婚。

    T   F

15. 如果我有机会重新来过,我还会跟同一个人结婚。

    T   F

16. 没有向对方表达爱意就去睡觉,这种情况我们很少有。

    T   F

17. 当我进屋时,配偶很高兴看到我。

    T   F

18. 配偶欣赏我在婚姻生活中所做的事情。

    T   F

19. 大体上来说,我的配偶很喜欢我的性格。

    T   F

20. 我们对性生活感到大致满意。

    T   F

计分：每个"T"计一分

10分或10分以上：分数在这个区域内，表示你的婚姻很牢固。因为你高度重视对方，就有了一个保护你们夫妻关系不被任何仍然横亘于你们之间的消极事情压倒的屏障。恋爱中的人会高度重视对方，这对你来说十分明显，但是随着时间的推移，夫妻们会忘记一些他们彼此对对方的喜爱和赞美。

这种喜爱与赞美是一件值得去做的事情，这会帮助你再次确认你对对方的积极感受，而这种积极感受是曾经让你爱上他，到今天还继续爱他的重要原因。

10分以下：你的婚姻在这个方面还有待改善。不要为低分感到泄气，有许多这样的夫妻，他们的喜爱与赞美系统并没有完全死亡，而是埋藏在层层的消极事件、受伤的情感与背叛之下。通过激活深埋于地下的积极感受，你的婚姻将得到极大的改善。

我拿这个问卷做了小范围样本的调研，发现多数的样本都没有到10分，只有少数的样本超过了10分。当然这个简单的样本调研并没有经过严格的设计和取样，只是相对比较随意的一个在周围朋友之间的调研，结果有一定的参考价值，但不能代表所有的婚姻现状。

但就这些样本的结果而言，也引发了我几点的思考：

第一,是不是中国的婚姻中,尤其是到了中年的夫妻之间,关于浪漫和激情会逐渐减少,对于爱的表达也不会采用太直接的语言或方式。所以在性生活、激情、爱的表达等相关项上得分会比较低。

第二,双方是不是真的以对方为骄傲,这是不是我们在选择伴侣时会考虑的问题?因为如果是因为彼此欣赏、尊敬、敬仰这样的情感而在一起的,那么在"我为对方感到骄傲","我感到配偶欣赏我的才华"等项目上的得分就会比较高。如果在选择伴侣是没有考虑这个问题,这些项上的分数就会比较低。

在现实生活中,的确有人选择伴侣是因为对方物质条件比较好,或者对方对自己很好,或者到了差不多该结婚的年纪,正好遇到了一个比较适合结婚的人,并没有去深入地思考对方的性格、品格、才华等是不是真的让自己欣赏和骄傲。

第三,有些分数很低的,甚至分数为零的夫妻还在一起生活着,也并没有分开的打算,所以有时候婚姻也不是完全以爱情为必要条件的。就像在婚姻的发展历史中讲到的,婚姻是一个融合了生产关系、经济关系、社会契约、权利和义务的综合体,把婚姻和爱情、性爱三者融为一体是现代人对婚姻最理想的期待而已。

所以在决定两个人要不要继续在一起,考虑的首要问题也

第十四章　如何在婚姻中维持良好的亲密关系

不一定是两个人之间还有没有爱情，可能更多的是经济的、社会的、家族的包括孩子的问题，也会权衡利弊地考虑分开后是否一个人可以过得更好，或者有更好的替代选择。

第四，即使这个测试的分数很低，也就是说夫妻之间几乎已经不存在彼此间的喜爱和赞美了，也并不是说这个婚姻有多么糟糕。就像我所说的，如果幸福的婚姻是正数，不幸的婚姻是负数，没有喜爱与赞美的婚姻大概就是在零上下的一个不好不坏的状态。比起出轨、家暴等更严重的婚姻问题，仅仅因为缺失一些东西，也不能做出婚姻不幸或者婚姻必定要瓦解的定论。

测试的设计者约翰·戈特曼所说，没有到10分也不要泄气，这个结果只是让你意识到在这个"赞美和喜爱"方面还有可以改进和提升的空间。如果能够提升，婚姻就会更接近幸福一点。

第二个原则，夫妻之间相处融洽，相互影响，相互支持对方的希望和抱负，并将这作为他们共同生活的一个目标。也就是我们所讲的婚姻三个关键词的"融合"，或者亲密关系六要素里面的"相互一致性"和"相互依赖性"。

人对于亲密关系的态度会经历三个阶段，最终走向成熟。第一个阶段是依赖，没有对方就不行的那种依赖，就像孩子小时候依赖父母亲一样；第二个阶段是独立，包括身体上、心理上、精神上的独立，不再依赖他人；第三个阶段是在独立的基础上，和另外一个人建立平等的、双赢的、互赖的关系。双方愿意和对方建立连接，组成家庭，相互支持对方的希望和梦想，并将这作为他们共同生活的目标。

虽然我们已经生活在一个男女平权的社会，但你会发现在很多婚姻中，由于地域文化、传统、大家庭关系、经济收入等原因，丈夫和妻子在婚姻中往往处于并不平等的地位。

这类问题在农村地区尤为明显。因为在很多农村地区的传统中，儿子是要继承家业传宗接代的，女儿是要嫁出去的。而且在女儿嫁出去的时候，很多地区有收彩礼的习俗。彩礼是向女方父母表达感谢，感谢他们多年来对女儿的养育之恩。但也有一层含义，就是你们的女儿我们娶过来了，以后就是我们家的媳妇儿了。除了过年过节生孩子等，女儿多数时间和丈夫及其家人生活在一起。

在这样的婚姻习俗中，很多时候，婆家的、丈夫的话语权会更大一些。

之前我在咨询的过程中，看过一些农村的问题，很多人提出女儿千万不能远嫁的问题，就是即使女儿和某个男子相爱，但由于男子家比较远，女方父母会反对这门亲事，主要原因就是担心女儿在男方家吃亏或者不能被很好地对待的时候，无法回娘家寻求庇护和帮助。

第十四章　如何在婚姻中维持良好的亲密关系

即使在城市中,这种男女在婚姻中享有不同的权力和话语权的例子也不在少数。比如说我之前接到过的一个咨询案例:老公出轨多次,该不该离婚?

咨询者说我和我老公结婚五年了,他出轨了很多次,我有的时候受不了了,想离婚,我该怎么办?

除去其他的细节,我想请她思考一下,丈夫出轨了很多次而且都被你知道了,这个事情背后的东西。

我们知道,如果男人出轨想瞒着自己的老婆,有很大可能性是可以瞒得住的,就是你可能是发现不了的,或者你发现了一次之后他会注意的。那现在这个状况很显然他就是明目张胆的,我就出轨了,你爱怎么着怎么着,是这样一个态度。

这个其实反映了在你们两个的夫妻关系里,应该是他处于一个比较强势的地位,你处于一个比较弱势的地位,也就是说他离开你是没问题的,而你是离不开他的,所以才会有这个出轨很多次我要不要离婚的纠结。

在夫妻关系中处于弱势的原因可以自己去找一下,是经济上的原因还是其他方面的原因,然后如果你想在婚姻里边更有话语权的话,更有决定权的话,可能要提升一下自己在这方面的地位。

婚姻是一个契约,契约讲究相对的公平,如果一方对另方所能提供的功能或益处非常有限，就会丧失在契约中的平等地位。

约翰·戈特曼所讲的互相影响中的更深一层的含义是彼此平等和共同决定生活中的一些事情，这对于幸福的婚姻很重要。我举的农村的一些习俗和上面这个咨询的真实案例，就是想说在现实中，不平等不平权的婚姻的确存在着。在这些婚姻中，如果彼此在一些决策上、在生活中能够互相商量，能够去倾听彼此的想法，能够互相影响，两个人的婚姻质量会提升很多。

还有一种婚姻中的情况是：双方不接受彼此的影响，是因为双方都非常独立，觉得可以自己独立为自己做决策。但是处于婚姻关系中的两个人很多决策虽然看上去是一个人的决策，实际上也会影响到家庭生活和另一半。

比方说一方决定选择什么样的工作，看似是一个人的职业规划，可是工作的性质、工作的强度、作息时间安排、是否需要经常出差、是否会产生巨大的压力，等等，都会影响到两个人的家庭生活。

比方说一方有一个爱好是打高尔夫球，所以周末会在周六或者周日中的一天去郊外打球，这也需要共同商量，协调好时间，安排好家庭和孩子的相关事宜后才能实施的行为。

太多独立的不被对方影响的婚姻关系从某种程度上说是不

第十四章 如何在婚姻中维持良好的亲密关系

够亲密的一个征兆。

在我观察到的一些婚姻中,双方都比较成熟,人格独立。有各自的事业、爱好、朋友圈,对生活中的喜怒哀乐,工作中的起起伏伏都能各自处理的很好。家庭和婚姻关系也看似非常稳定,孝顺老人、抚育孩子双方都会尽到该尽的责任和义务。婚姻中没有争吵,相敬如宾,互相尊重。可两个人之间并没有太深入的交集、交流、连接,没有去真正地深入了解和关心对方的希望和梦想,更没有两个人共同的希望和梦想,关于家庭的,关于退休生活的,关于那些人生中无论如何想要实现的事情的。

这样的两个人,也许在某天凌晨三点忽然睡不着的时候,即使看着躺在身边的这个熟悉的伴侣,仍然会感受到深深的孤独。

在戈特曼的书里,提到很多建立家庭仪式感、氛围、活动、梦想的方法,就是为了让两个人真的有融为一体的感觉,**有为了共同的目标而努力的感觉。这对于夫妻关系很重要。**

在婚姻中,如果彼此不愿意接受彼此的影响,没有相互依赖性和相互一致性,两个人中要么一个人比较强势,家庭事务中的主要事情都由强势的一方做主和决定,另外一个人的声音和意见无法被听到和参考、采纳;或者就是两个人都过于独立,各自决策各自的事情,没有意识到每个人的决定和行为都会对家庭和家庭中的另一半产生影响,没有把两个人当成一个共同体来考虑。无论是这两种情况中的哪一种,两个人的亲密关系程度都会大大减弱,婚姻的幸福感也会受到影响。

第三个原则,彼此靠近而非远离。

很多建议保持婚后两个人之间的浪漫或者修复婚姻关系的书,都会提出两个人以固定的频率在固定的时间做一些二人世界的浪漫的事情,比如一起去烛光晚餐,一起去看电影,或者一起去海边度假。但是约翰·戈特曼强调其实两个人是否浪漫,关系是否亲密并不取决于这些刻意安排的"浪漫时刻",而是取决于两个人日常相处中在每一次沟通、每一件小事情上是否互相靠近,而不是远离。

在我做过的婚姻咨询中,发现有一个常见的现象,甚至还有了一个专有的名词来描述这个现象,就是"人肉提款机"。有很多女性朋友,大部分都是已婚或者有孩子的,她们都跟约好了似的,说其实老公在不在家都无所谓,每天照顾孩子,有什么话也跟闺密说,一个人逛逛街之类的挺好。老公只要把工资上交,负责家里的开销就行。

所以身边的已婚男性朋友,经常会有这样的感慨:"其实我在这个家里是可有可无的,只要是付账单就可以,感觉自己成了这个家庭里的'人肉提款机'了。"

第十四章　如何在婚姻中维持良好的亲密关系

这种情况虽然并没有产生特别大的争执和冲突，也不是一方有外遇的情况。但是两个人却已经不再亲密，没有原来那种连接了。那这到底是怎么发生的呢？

就是因为两个人在日常相处中的每一件小事情上的每一次沟通，都在互相远离，而不是互相靠近，最后导致了连接不在，亲密不在。

两个人相处的过程中有一些比较关键的时刻，是一方向另一方直接或间接地提出了情感上的需求或者一个沟通尝试、沟通邀请的时候，比如老公正在处理工作，老婆说了句"我听说最近有个电影很好看"。或者老婆在家追剧或者看手机的时候，老公工作回来说了句"唉，今天好累啊"。这种时刻，都是某一方向另一方发出了一个沟通邀请，希望对方提供情感支持的时候。

约翰·戈特曼把这种时刻给了一个特定的名称，叫做"滑动门时刻"。也就是说这个时刻对方发出了邀请，就像邀请对方打开一扇门一样。对方有两种选择：第一种就是你去拉开这扇门面对对方。老婆说有个电影很好看，老公就回应说："什么电影，周末是不是我们可以抽空去看一看。"这就是一个转向对方的行为，这是一个互相靠近的回应；还有一种是你对邀请充耳不闻，在这个滑动门要拉开的时候，你反而转身离开。

老公回家非常累，说了一句"今天好累啊"，老婆可能正在忙自己的事情，对这个事情根本就充耳不闻，没有去回应。这就是一个互相远离的行为。

这些时刻看上去貌似不会引发大冲突，也不涉及原则性的问题，但它是在生活、亲密关系、婚姻中建立连接非常关键的一些时刻。这时如果我们能够及时地转向对方，互相靠近，这种亲密的连接就会持续加强；如果我们选择背离对方，对方心里多多少少会留下一些遗憾，这种遗憾积累多了，慢慢地，她就不愿意对你打开这一扇门，不愿意发出这种沟通的邀请。

所以戈特曼给婚姻中的亲密关系一个最简单实用的建议就是，留意这些对方提出沟通邀请的"滑动门时刻"，在这些时刻靠近而不是远离对方。

以上三个原则以及基于此原则的行动，对于建立和维护婚姻中的亲密关系大有裨益。

第十五章
婚姻中常见问题的解决

> "婚姻中平均来看69%的问题是解决不了的。我们决定结婚、决定和另外一个人生活在一起的那一刻就应该做好和这些无法解决的问题共存的准备。"
>
> ——约翰·戈特曼

学习和实践爱的能力,理解婚姻、爱情与激情的区别,在婚姻中建立良好的亲密关系,在此基础上,并不意味着婚姻就可以高枕无忧,婚姻中面临问题是常态。"四十不惑",并不是说人到四十岁,就没有困惑了,而是到了四十岁才体会到并接受了"惑"是人生常态,有些"惑"能解决,有些"惑"随着时间的流逝不再是"惑",而有些"惑"是解决不了的,我们要与之平和相处,带着这些"惑"继续生活下去。婚姻中的问题也是一样。

托尔斯泰说:"幸福的婚姻都是相似的,不幸的婚姻各有各的不幸。"婚姻中各有各的问题,不能一概而论,也没有一种方法可以解决所有的问题。所以在这一章里,我把我做情感咨询工作以来最常遇到的婚姻中的具体问题,以及我对这些问题的看法和建议,和大家分享一下,希望我的视角能对大家多少有一点启发。

一、夫妻生活相关问题

"夫妻生活"顾名思义,应该是在传统的观念中只有夫妻之间才能光明正大做的事情,也可以理解为夫妻之间彼此应享有的权利和应尽的义务。俗语说"床头吵架床尾和",夫妻生活的和谐对于夫妻感情和婚姻稳定也很重要。

但要过好夫妻生活并不是一件简单容易的事情。我把自己做情感咨询中收到的最具代表性的问题及我的建议与大家分享。

Q1"我老婆性冷淡怎么办?"

这个简短的问题如果分析起来却并不简单。

首先性冷淡怎么定义,是指对夫妻生活不感兴趣,还是指在夫妻生活的过程中感受不到愉悦感?

如果是对夫妻生活不感兴趣,是指对于这件事情本身不感兴趣,还是指对和自己的丈夫,做这件事情不感兴趣?是一直不感兴趣,一次也不想要的无性婚姻状态,还是对于频率的需求比较低,和丈夫的需求不匹配?

如果是指在夫妻生活的过程中感受不到愉悦感，这个愉悦感又该如何定义？是身体上的还是身体和精神上双重的？有些女人可能在身体上确实体会不到太多愉悦的感受，但是因为体会到情感上和丈夫的亲密，因而产生了精神上的满足感，算不算愉悦？即使单独从身体上的愉悦感来说，愉悦感是何种程度的，是指要达到生理上的高潮，还是指过程中的舒适状态？

这是面对这个问题的每一对夫妻需要深入沟通和确认的。

我个人认为：性冷淡可以指对夫妻生活这件事不感兴趣，也可以指在夫妻生活的过程中没有愉悦感。你会发现很多时候"不感兴趣"和"没有愉悦感"二者是不可割裂、互相关联、甚至是互为因果的。造成这种情况的原因大体可以分为身体上的和精神上的两个方面。

身体上的主要症状是在夫妻生活的过程中女性身体的疼痛、痉挛或其他不适的反应。这种症状的发生率很低，一旦出现，需要去医院找专业的医生解决。

更多的性冷淡是精神上或者说心理上的原因导致的。下面我就重点来说说这些原因及如何应对和解决。

第一是女性过去的经历造成的对这件事情的负面看法。

比如说童年时期遭遇过不同程度的被成年男性骚扰的经历，身心上都有阴影，在成长的过程中又始终没有机会说出或

第十五章 婚姻中常见问题的解决

者解决这种阴影；比如说在青春期接收到的来自父母的严厉教育，认为这件事是充满羞耻感的、是不洁的；比如说初夜的时候感受到的疼痛或者被粗暴对待所产生的对这件事的反感和恐惧。

对于程度比较轻的心理阴影的情况，作为丈夫的可以通过鼓励对方说出这件事情，表示完全的理解和接纳，跟对方说明这不是你的错，我很爱你等沟通交流来解决，让女方埋藏在心里的秘密和压力有一个出口，对自己不能释怀的事情有一个交代来向这件事情告别，不再让它影响自己之后的亲密关系。

如果是比较严重的心理阴影，注意这里说的严重性并不一定是指侵犯这个行为本身的严重性，而是指女性心理上受到影响的程度。也就是说可能只是一个外人看来不算严重也够不上犯罪的侵犯行为，但如果在女性心理上产生了持久的对异性的恐惧，这个问题就很严重，我们不能以"这没什么大不了的"这种态度来对待。

比如我接触过的一位女性，婚后一直尽量回避和丈夫过夫妻生活，后来在交流的过程中了解到是因为她在大学期间一次独自一人坐出租车，当时是夏天穿着比较短的裙子，被出租车司机摸了大腿。虽然在她的反抗下出租车司机并没有进一步的猥亵行为，但当时是深夜，车门紧锁，这位女士非常害怕，这件事给这位女士造成了严重的心理阴影，以至于婚后一直回避和丈夫的亲密接触。

这种情况下如果夫妻沟通不能解决妻子的心理阴影,就需要求助于专业的心理医生来帮助解决问题。

不管怎样,女方如果知道丈夫愿意和自己一起去面对和解决这个问题,压力都会得到极大的缓解,两个人的关系也会因此而更加密切。

初夜的不良感受可能和对于性这件事的了解和认知有关系。很多女性对性这件事的认知来源于文学作品,爱情小说啊、电视剧啊,等等。而在这些文学作品里往往对性的描写是隐晦而美妙的,好像一旦两个人相爱了,第一次亲密接触一定是无与伦比的美妙,这在一定程度上导致了女性对于初夜的不切实际的期待,一旦发现不如想象中完美,就会产生很大的落差和失望。

我大学时代的一个女朋友和男朋友有了第一次以后,我们就好奇地围着她问感觉怎么样啊?她回答说:"没有书里说的那么好。"就是一个典型的例子。

其实第一次必然会伴随着一定程度的紧张、焦虑和身体上的疼痛,如果对方也是一个经验不足的对象的时候,甚至可能会是一团糟。这就需要两个人之间的那种情感上的亲密、心理上的信任来克服。如果两个人彼此相爱、彼此信任,即使第一次或者某几次的性生活不尽如人意,两个人还是能感觉到这种肌肤相亲的美好，能对未来产生向好的预期；如果感情和信任不到位，又产生了这种不好的感受，可能就会对这件事情或者这段关系产生负面的看法。这也是我一直主张无论是男人还是女人，还是要在有感情的情况下发生关系，而不要太随意地对待性这件事的原因。

如果面对的是一个已经由于过往经历对这件事产生了负面印象的女性，男人可能就需要更多的耐心和体贴来扭转和重建女性对这件事的认知。

青春期性教育的缺失或者误导也会导致这种负面的印象。如果父母、学校和社会都能够以一种更从容开放的态度来对待这件事情，孩子们有更多的渠道去了解和沟通这件事情，很多误导就不会轻易发生。如果父母对这件事讳莫如深，或者为了防止孩子早恋和偷吃禁果发生，过于宣扬消极的方面，孩子在这种教育下往往会产生羞耻和肮脏的印象。有些孩子会随着自身的成长更理性客观地看待，渐渐会破除这种印象，但也会有一部分孩子在成年之后仍然难以消除这种印象，导致夫妻生活的不和谐。

第二是女性的性格问题。

比方说极度自卑，尤其是对身材容貌的自卑，不愿意和对方坦诚相见；还有受一些社会上对于女性贞洁这个概念的误导，认为好的女人应该是禁欲的、冷淡的，不能表现出对这件事情的欲望。

以上的两点原因和我们社会上一些不恰当的对于女性的审美偏好误导有关系。

首先是一些商家因利益驱动对于完美女性外表的夸大与过度关注。我们在电视电影中以及广告代言中看到的明星，绝大多数都是身材瘦弱、颜值完美的形象，商家也会宣扬这种完美女性。而这所谓完美女性的标准是大多数正常生活、正常饮食、正常运动的女性所达不到的。因此一部分女性会对自己的身材产生不自信或者自卑心理，或者有些女性在生育之后身材变得肥胖或者松弛之后会产生自卑心理，这种心理比较严重的话就会影响到需要两个人坦诚相见的夫妻生活。

此种情境下，丈夫在日常生活中以及在夫妻生活中对妻子身体的肯定和赞美就变得特别重要。

我有一个要好的女性朋友，和丈夫的夫妻生活一直很和谐，她和我说生完第一个孩子之后，肚子上长了妊娠纹，自己就很介意，有一次就和丈夫提起来说："你看，都长纹了，以后都消不掉了怎么办啊！"当时她丈夫就说："消不掉怎么了，这是为了生宝宝留下的纪念，是世界上最美的痕迹。"每个女人听到这句话都应该觉得特别甜蜜吧。而与之背道而驰的做法就是在日常生活中或在夫妻生活的过程中流露出的嫌弃。对于比较敏感的女性来说，夫妻生活过程中男人的一句"你怎么这么重啊"都会让她心里耿耿于怀，之后多少有些抗拒这种亲密接触。

第二种社会上常有的误导就是矜持保守的女人才是好女人。如果欲望比较强烈又不加节制地表达的话，就容易被看成放荡的坏女人。

我在一本书上看到过一个女孩子讲了她自己的一段亲身经历。说她最近正在交往的男朋友，两个人都对彼此很满意，在交往一段时间之后，就发生了关系。她觉得这件事是自然而美好的事情，在床上就没表现出任何的害羞、扭捏，动作也比较娴熟，当时两个人身心都很愉悦。但是没想到过了几天对方就跟她提分手，她百思不得其解。最后在对方在她追问下坦白说："我觉得你在这方面经验好像很丰富，不是我理想中那种传统的好女孩。"

这个实例反映出了当前社会的一个常见观点：如果女人在床上比较保守，就说明她是一个守妇道的好女人，值得男人去珍惜和长期交往；反之，可能就成了过于开放甚至放荡的坏女人。

这个观念从古代的贞节牌坊开始就束缚着女人的思想，进而影响着女人的行为。这也影响了一部分男人的择偶观，他们会选择相对保守的女性结婚生子，但结婚以后又会对对方在床上的不解风情表示不满，甚至会向婚姻之外去寻求一个风情万种的女人做情人，这导致了很多悲剧的发生。

和男人相比，很多女人更容易形成关联人格，也就是以和他人的关系、以社会对自己的评价来评价自我的价值。最典型的表现就是在亲密关系里，以社会更认可的女性标准来塑造自己的行为方式。比如说社会的审美是瘦的，就去拼命减肥；比如说在谈恋爱的时候，就会不知不觉地压抑自己的性需求，在床上也尽量表现的保守、慢热，不敢释放自我不敢主动追求快感。慢慢地，她就真的变成了一个对性不那么热衷的女人。殊不知压在心头的"好女人"牌坊不仅影响了自己的性福，也很有可能成为婚姻关系破裂的原因。

好消息是女人随着年龄的增长，越来越能坦然面对自己的性需求，获得快感的能力和频率都会大幅度提升。这是因为女人随着年纪和阅历的增长，思想里的束缚突破了，越来越不受社会标准和外在声音影响，对自我的认可度和接纳度越来越高，所以在性这件事情上，她会更加尊重自己的感受，随心而动，随自己的身体而动。

第三个导致妻子性冷淡的原因是夫妻感情出现了裂痕。

很多女人很难把心理上的亲密和身体上的亲密割裂开来，

第十五章　婚姻中常见问题的解决

如果觉得两个人之间感情不在了，也就不愿意再和对方有任何身体上的接触。这种裂痕可能是基于两个人之间的矛盾，也可能是基于女方对于男方的嫌弃甚至厌恶，还有可能是女人在婚姻之外心有所属。

如果是这种情况就要从修复两个人的亲密关系入手。至于具体的做法要看矛盾主要是由什么引起的，可以通过多和对方沟通了解对方的不满和诉求开始。我之前章节里面讲到的爱的能力，婚姻中提升亲密关系的一些原则和方法都会对此有所帮助。

第四个原因是客观环境导致的不安全感。

如果和其他家庭成员共同居住在比较狭小的、不隔音的空间里，担心被他人看到或者听到所产生的尴尬心理；或是因为没有采取合适的避孕措施、担心怀孕所产生的焦虑感。

此时男方要做的就是提升女性的心理安全感。即使短期内无法改变居住环境，可以选择比较安全隐蔽的时间段过夫妻生活。我一个女性朋友说她的夫妻生活每周一次都是在周六的白天，这个时间段因为白天孩子出去上课，家里只有他们夫妻两个人，感觉二人世界更放松。

另外我一直强调的是：在没有准备好要孩子的情况下一定要做好合适的避孕措施，不然这种担心怀孕的焦虑会严重影响女性对于夫妻生活的投入。万一出现意外怀孕又不能生的话，是一件非常残酷的事情，对女性的身心也会造成极大的伤害。

第五个原因是女性在特定的时间段里身心疲惫。

比如说工作时间过长、压力过大，或者在产后及哺乳的特殊时期，睡眠都不充足，没有心情和体力去过夫妻生活。

这种情况下，可能需要丈夫更体贴关怀妻子，和妻子共同分担工作或者生活中的压力，分担家务及照顾孩子的义务。

Q2"我能满足我老婆吗？"

我这里想谈的两点是很多男性的隐忧：

第一是尺寸大小很重要吗？

这句话的完整问法应该是"男人的尺寸大小对女人达到性高潮很重要吗"。既然说到女性的性高潮，我们就要讲一讲女性的生理构造，她是怎么样达到性高潮的。

女性的第一性器官不是阴道而是阴蒂，女性达到性高潮主要靠的是阴蒂的刺激。有些女性的阴道是没有触觉反应器官的，对于阴道有触觉反应器官的女性，她的触觉反应器官也只是集中在阴道口大概前三分之一的位置。比如我们说的A点、G点，都是在靠近阴道口的地方。调查也显示，很多女性自慰时都是抚摸阴蒂，不会涉及阴道。

现在回答刚才的问题：男人的尺寸大小真的很重要吗？首先，男人的长短没有那么重要，因为女性阴道有感觉的也就是前面短短的一段。粗细和硬度多少还是有点影响的，毕竟它对阴道壁产生的压力不一样。但是也不用太纠结和焦虑这件事情，只要两个人对于偏好沟通的好，技巧到位的话，一般的尺寸都没有问题的。

其实就男人尺寸大小的这个问题，我问过身边性经验比较丰富的女朋友，她们给了我一个很有趣的回答。她们说其实男人尺寸比较大的，往往以自我为中心，比较骄傲，不太顾及女方的感受，在床上的表现或者他们的性技巧会稍微差一点；反而是那种尺寸比较适中或者没有那么大的，比较细心，体贴，技巧也比较好。

第二个是时间长短很重要吗？

首先整个夫妻生活的过程并不是从男性进入女性身体开始到男性离开女性身体结束的过程，而是包含了前面的情绪调动、彼此爱抚，和后面的亲密时间，也就是我们通常所说的前戏和后戏。

其次时间的长短是一个相对的概念。对某个女人也许5分钟足矣，而对于另外一个女人，可能5分钟就不够。即使对于同一个女人，也许某一次在情绪调动和爱抚充分的情况下，5分钟足以达到满足，而在某一次前戏不够或者兴致不高涨的情况下，无论多久也难以产生愉悦满足的感觉。

对男性而言，长短也是一个变量。年轻的时候因为心理容易冲动、身体比较敏感、技巧经验也不够丰富可能时间就很短；随着年龄的增长和经验的增加，某段时期内身体和心理状态都比较好，或者夫妻之间感情很好的时候，可能时间会延长。某段时间身体和心理状态比较差，或者夫妻之间感情不紧密的时候，可能连兴致都没有，此时就谈不上时间长短了。

总之这是一个两个人相互沟通、配合的过程，不能一概而论拿出一个数字，说达不到某个时长就是所谓的早泄，超过这个数字就是合格。两个人需要做的是坦诚沟通彼此的需求和偏好，前面喜欢怎样的爱抚，过程中喜欢什么样的姿势、语言，结束后即使某一方没有达到高潮，怎样通过其他方式弥补，等等。男性也多可以学习诸如中断、转移注意力等控制时长的技巧，再做到平时多锻炼身体调整好状态，等等，相信绝大多数的问题都可以解决。

少数的确实两个人都认为时长是个很大的问题的，可以去咨询医生寻求专业帮助。

如上所述，其实更多的情形并不是女方的期待男方做不到，而是双方就这件事情没有坦诚地沟通过，自己不好意思和对方直接说出自己的偏好，也不知道对方真正的偏好。这就涉及夫妻生活的技巧问题。

第十五章 婚姻中常见问题的解决

我身边有几个女性朋友都和我提到过不愿意和丈夫有太频繁的夫妻生活,我问了她们一个问题说:"如果你老公的性技巧有所提升,能更照顾到你的感受和偏好,你会不会接受更频繁的夫妻生活。"然后我得到的答案都是肯定的。

为什么很多夫妻之间不能坦诚地谈论这个话题呢?

一个原因是对于谈论这个问题,很多人还是感觉不太自然的,所以宁可自己偷偷摸摸地学习一些技巧也不愿意和对方沟通这个问题。

常见的一个例子是男人会通过观看成人片,学习和模仿一些做法,但成人片导演和受众大多是男性,为了迎合男性观众的偏好,都是为了引起视觉刺激而对真实情况的夸大甚至是扭曲。女性导演的此类作品,就有极大不同。在女性导演的作品中的男主角,不只是身强力壮,更重要的是心思细腻。脚本里充满了"我爱你""你真美""你是我梦想中的女人"之类的敏感甜蜜的对话和表白。场景也多发生在古堡、美不胜收的海岸、异域风情古色古香的床上。这样的作品情节和展现手段更加说明女人即使在性爱中也需要更多的情感连接和浪漫。

正如世界上没有两片相同的叶子一样,世界上也没有两个偏好完全相同的女人。你需要去了解和发掘你的爱人喜欢什么,而不是想当然地认为所有的女人都一样。

如果两个人还没有达到可以坦诚交流的程度的时候，可以试一下用第三人称故事的方法来沟通，比如说在在感觉很放松的情境下，说起自己的某个朋友或者在某个文学作品里面看到的关于某种亲密接触的情节，也可以邀请对方分享这样的故事，从而了解对方的接受程度和偏好。

不能坦诚沟通的更深层次原因是会觉得自己的某些想法和偏好奇怪或者不正常，不好意思和对方提起。在这里我很赞同李银河老师说的：只要遵从"成人、自愿、隐私"的原则，其实没有什么是奇怪和不正常的。

在这个问题的最后，我想和大家分享一下《金赛性学报告》的一些主要发现和观点，希望能对大家有些启发。

阿尔弗雷德·金赛教授和他的团队完成的《金赛性学报告》：

用事实和数据打破了美国延续近300年的清教的性的精神禁欲主义传统，打破了一种性道德的一统天下。

揭露了当时美国性风尚的虚伪，展示了人们的性活动实际上早已偏离传统的道貌岸然。

揭示并肯定了人的性行为的无限多样性和可变性。正如金赛自己所说的："唯一不符合本性的性行为，就是不能完成的性行为。"

为什么这么说呢，我分享一下书中的十三个观点：

第十五章 婚姻中常见问题的解决

1.什么是夫妻性生活的正常频率?

答:人和人之间差距非常大,根本就不存在一个标准叫夫妻性生活的正常频率。

2.自慰有害身心健康吗?

自慰是非常正常和普遍的性释放途径,没有任何科学、医学证据表明这件事有害身体健康。但有人会因为认为这个事不好而产生心理困扰,这个困扰是没必要的。

3.自慰和婚前性行为会降低女性婚后的敏感度吗?

不会,正相反会促进女性更好地认识自己,婚后达到高潮的概率更高。

4.同性恋是变态吗?

同性恋是一种正常的行为。不能因为它相对比例较少就说它不正常或变态。

5.男人一辈子释放的量是固定的吗?和什么有关系?

男人一辈子释放的量因人而异,不是说开始的早或者做的多就结束的早。这个量和男性青春期开始的早晚有关系。青春期开始的定义是第一次射精的发生。

6.不同的姿势体位对达到性高潮有影响吗?

没有证据表明不同的体位对达到性高潮有特别的生理影响。更多的是变化带来的心理刺激。

7.女上位更容易使女性达到高潮吗？

如果说女上位更容易使女性达到高潮，那是因为，第一，性生活中更主动活跃、经验丰富、达到高潮能力比较强的女人会更多地采取女上位。第二女上位中女性有更多的主动权。

8.女性达到性高潮所需要的时间比男性长吗？

如果用自慰的数据来看，差距不大。在实际做爱过程中，女性可能需要更多的事前调动和持续不中断地刺激，从而使很多人认为女性达到高潮的速度慢于男性。

9.女性最敏感的器官是哪里呢？

阴蒂。很多女人单纯靠刺激阴道是达不到高潮的。

10.男人那儿的尺寸大小对女性达到高潮很重要吗？

没那么重要，因为女性的第一性器官是阴蒂。

11.性技巧人人喜欢吗？

不是，高学历的白领阶层更偏爱性技巧。

12.四五十岁的中年女性性需求会减少吗？

不会，性生活的频率减少是因为男性的需求和能力下降引起的。

13.年轻一代比上一代人的性生活频率更多了吗？

没有，只是他们开始的更早了，可以更公开地谈论这件事了。上一代人是做得多说的少。

金赛教授所有的数据突破了各种传统观念对人产生的束缚，他最后总结说："唯一不符合本性的性行为，就是不能完成的性行为。"

二、婆媳关系问题

从谈恋爱开始，有些女孩就会问男朋友："如果我和你妈同时掉进河里，你先救谁？"我个人认为这是一个根本没有必要提出的问题，为什么？

第一这是一个没有情境的抽象问题。首先这种情况发生的概率极小，即使发生问题描述的情况，那么当时是什么样的河里，三个人谁会游泳谁不会，男朋友离谁更近，周围是不是还有其他救助的人员在，等等，都是决定男朋友行动的一些决定要素。抽象问题的抽象回答，并不能代表现实生活中这个情境发生时候的实际行动。

第二这个问题假定了人的那一瞬间是经过深思熟虑缜密思考后做出行动。这一点对绝大多数人来说，在应激状态下是感性的、冲动的，在那一瞬间做出什么样的行动，在具体行动发生之前当事人是无法预知也无法预判的。

这个问题如此普遍恰恰说明了婆媳之间确实容易产生矛盾，两个女人对一个男人确实存在着假想的谁更重要的问题。

如果婚后婆媳生活在一起，有些问题就会随着日常的具体琐碎的生活更加突出。生活习惯上，也许婆婆更节俭一些，而媳妇更讲求生活品质；对孩子的教育上，也许婆婆更纵容一些，媳妇更严格；对待家里其他亲属的态度上，婆婆界限感更弱一些，认为都是一家人，很多事情不用分的那么清楚，而媳妇认为各自有各自的家庭，应该更独立一些。

当面对这些问题的时候，男人的压力就很大，一边是养育自己的母亲，一边是要和自己度过下半生的妻子，站在谁的立场都有道理，但是站在谁的立场上都会得罪另外一方。

对于婆媳关系问题，我的建议是：

首先，不同的背景预设在看待同一个问题的时候会有不同的理解和角度，尼采说"没有事实，只有诠释"，很多问题发生和解决的关键不在于问题本身，而在于我们如何理解和诠释它。婆媳之间不要预先设定实在争夺一个男人，互相把对方当成假想敌。毕竟是有着共同目标、共同利益的一家人，都希望家庭和睦幸福。如果能用这个角度看问题，"我和你妈同时掉进河里，你先救谁"的问题就会变成"如果我和你妈同时掉进河里，我们怎么做才能让救助的结果最优，对我们的家庭、孩子最有益处"。就像我之前给企业讲课,讲到跨部门合作的时候,首先需要建立我们是一个一荣俱荣、一损俱损的整体的观念,接下来打破部门之间是竞争关系的这种局限思维模式就顺理成章。在这样的理解和视角下,部门之间的相处模式就会发生很大的改变。

其次,要学会多情境下多角度的换位思考,把婆媳关系看成是类似夫妻关系、朋友关系、同事关系等人际关系的一种,在婆媳发生矛盾的时候,跳出婆媳的角色,可以问问自己,如果她不是我的婆婆,而是我的妈妈、朋友、同事,既不夸大"婆"和"媳"的角色,也不把丈夫放在"站队"和"裁判"的立场,客观理性思考,在此情境下,会用什么样的态度和方式处理好这个矛盾。

最后,婆婆和媳妇都要成为一个相对独立的个体,都要有自己各自独立的生活圈、社交圈和爱好,跳开"婆婆"和"儿媳妇"的角色,这样的婆媳关系就会好相处很多。因为独立的有各自生活重心的两个人,时间精力都不会完全花在家里、花在孩子身上,如此很多可大可小的问题和矛盾就不会小题大做,喋喋不休。用一句流行的话来说就是:**世界那么大,别把婆媳关系当成了你的第一人际关系。**

说到第一人际关系,我要给作为丈夫如何处理好婆媳矛盾一点建议。作为丈夫，如果你遇到了婆媳矛盾，那么你可以从第一人际关系这个概念来思考并行动。所谓第一人际关系是指在生命的某个阶段最重要的人际关系。如孩童时期和父母的关系，青春期和朋友的关系，婚后和伴侣的关系，等等。

丈夫在婆媳矛盾中，会觉得母亲有生养自己的恩情，而且母亲年龄、身体的原因，相对处于弱势，妻子应该忍让顺从为主，如果不站在母亲这一边就是天大的不孝顺。这种想法固然无可厚非，但这样的定位，导致的结果往往会让妻子委屈、不满，甚至愤怒，有可能对婆婆产生更加敌对的情绪，对丈夫也会失望，最终会影响夫妻感情，没有赢家。

《圣经》上说："人必离开父母，与配偶结合。"龙应台说："所谓母子一场，就是一个不断离别的过程。"教育学家说："母亲在孩子成年以后，能做的最好的事情就是放手。"

这都说明：在孩子未成年的时候，母子关系可以是孩子的第一人际关系。但随着孩子的长大成熟，母亲需要淡出孩子的生活，孩子才能成长为一个独立、自立的人。而男人与妻子结合有了自己的家庭，之后，夫妻关系必然会成为第一人际关系，胜过男人与母亲的关系，也胜过男人与自己孩子的关系。夫妻关系处理得体，对于双方的父母和下一代，都有重要的意义。

第一人际关系的建立和理解，是处理婆媳矛盾的基础：

第十五章 婚姻中常见问题的解决

尊重自己的家庭生活的独立性,尊重和你携手相伴的妻子的意见。在丈夫和妻子之间建立"我们"的意识,在很多时候,丈夫要让他的母亲知道他的妻子确实是排在第一位的。他首先是一个女人的丈夫,然后才是另一个女人的儿子。丈夫要建立自己的家庭仪式、价值观和生活方式,并要求他的父母尊重他们。

但这并不意味着妻子永远正确,而是在双方充分深入沟通的基础上,彼此可以表达不同意见,并探讨商议,达成共识或者达成某种妥协,需要明确这种共识或妥协达成的过程中,婆婆作为家庭成员,可以提出自己的建议或者参与探讨,但这是你们夫妻之间的共同决定,不能因为婆婆是长辈就一切以她的意见为最终意见。

丈夫始终要坚信,母爱是无私的。做母亲的最大的心愿就是看到自己的孩子能够独立和幸福,哪怕自己的意见有时候被忽略。你和妻子达成某种共识,和睦相处,你的母亲也许会觉得有点失望和难过,但从长远来看,母亲无论如何都是愿意看到这种结果的,也会为你们的亲密和和谐感到安心。反之,如果你处处以母亲的想法为重,不顾妻子的想法,妻子在某种程度上,很难会有如此的包容。如果你和妻子的感情不好,做母亲的不会仅仅因为你听了我的意见,我在你心中比你妻子重要而沾沾自喜,而是会为你未来的家庭生活担忧的。

同样需要说明的是，这样的原则也许更适用于城市家庭。在一些传统观念比较重的农村地区则不尽然，某些农村地区，父母会用尽一生的积蓄帮助儿子盖房子、付彩礼、娶媳妇，娶过来的媳妇也是和公婆住在一起，尽生养下一代和孝顺公婆的义务。这种情况下，可能婆婆的发言权就比较大，因为从某种意义上这是公婆的家。农村在嫁女儿的时候娘家父母也会嘱咐，嫁过去后要尽量适应公婆家的生活方式，尊重和孝敬公婆，这种情况下可能我上面讲的原则会不尽然适用。但是我还是建议做丈夫的在能尊重妻子想法的时候尽量尊重或者参考妻子的想法，让她感觉到和丈夫是紧密连接的，是一体的，这对于夫妻关系乃至整个大家庭的和谐均有益处。

三、婚后遇到第三者的问题

在我做情感咨询的过程中，会收到大量成年人的各类不同情境下的的疑惑或问题，但归根结底都是一个问题：人到中年，已婚，又遇到了真爱怎么办？

在一定范围内，存在着到了一定年龄，遇到一个适婚对象，没有经过深思熟虑，没有经过深入了解对方，甚至对自己

第十五章 婚姻中常见问题的解决

是什么样的人,有什么样的需求都不是很了解的情况下,就迫于各种压力,匆匆结婚的现象。还有一种是新婚伊始非常相爱,随着生活的进行,两个人的发展道路、成长道路不尽趋同,差距越发明显,换句话说两个人因为成长不同步,争执和冲突渐渐增多,彼此在对方身上找不到当初心动的感觉,无法感受到爱情。

那么,人到中年,这是一个相对比较成熟的阶段,此时的你更了解自我,也更了解自己的需求,若在这样的的时候遇到一个身体上互相吸引,精神上可以互相交流,产生了想跟他或她永远在一起的决心和态度,这种情况也会发生,毕竟爱情并不保证天长地久。

那么该如何处理这种情况呢?我觉得有两个方向:第一种情况是经过对现状的深入思考,确定现有婚姻已无法继续存续,你在慎重考虑之后明确不愿意遵守婚姻的契约,决定要和现在的真爱在一起。这时候就要处理好现有婚姻中的法律上、感情上和道德上的各方面关系和事情,然后再开始一段新的关系,这也无可厚非。

另一种则是你认为原来的亲密关系还有一定的感情基础,或者由于婚姻特有的契约性、融合性和安全感,你承受不了离婚所带来的各种压力和成本,以及责任和良心上的谴责。这个时候你就要控制住自己，不要跟真爱继续发展，决定留在原来的婚姻里。

我想表达的是，这是一个二选一的单选题，而不是多选题。两个选择没有绝对的对错，但你不能既想留在原有的这个婚姻关系里，又想外面有个所谓的真爱，一个长久的情人。你要做的是自己权衡利弊，深思熟虑，坚定执行，切忌拖拉。得陇望蜀，两方面的感情都维持着，太多的事例表明，这种情况绝对不是长久之计。

现实生活中鱼和熊掌想要兼得的心理大量存在，这种情况可以从两个角度来分析：

第一，心理层面。人到了一定年龄，经过岁月的打磨和生活的历练，他们非常清楚婚姻中的伴侣能带给他什么，婚姻外的情人能带给他什么。换句话说，他有着清晰的自我认知和权衡。

婚姻能带给他的是习惯，是稳定的生活，是两个人经过多年的磨合之后的彼此接受，这会带来心理上的放松以及老有所伴的一个预期和安全感。他也清楚婚姻不仅仅是两个人之间感情的事儿，而是两个人共同承担生活的压力以及对其他家人的责任义务，比如说共同的经济利益，对双方老人以及共同的孩子的赡养和抚养。

第十五章 婚姻中常见问题的解决

但是随着时间的流逝，婚姻中的两个人可能不再有爱情，不再有激情和欲望，如果两个人的成长路径、成长速度完全不一样的话，可能某些精神上的交流也没有了。爱情的感受、激情的渴望和精神层面的交流也许是一个婚姻外的情人能够带给他的。而一旦婚姻外的情人登堂入室，随着朝夕相处和时间流逝这种新鲜感、紧张感和激情也会渐渐消退。就像郭德纲相声里面开玩笑说的："不要相信在野党，谁上台了都一样。"

第二，生活现实。离婚不仅仅与爱情有关，更与金钱有关。对一般人来说，这是一件成本非常高甚至无法承受的事。比如资产分割上就要投入很多的精力，如果夫妻两人只有一套房，一方因为出轨离婚，房子被判给另一方，再去另买一套房的金钱成本也非一般人能够承受。更何况重组家庭之后的生活也充满了不确定性，人们往往不愿意为这个未知去承担高昂的成本。

除经济成本外，还有情感成本也需考虑。对孩子的情感投入，跟孩子分离以后的情感上的不舍和牵挂；对双方老人情感的愧疚，等等，这些都是情感成本。

道德成本也是需要考虑的因素，所谓"糟糠之妻不下堂"，虽然现今离婚率已经很高，但因为外遇而离开原配，还是要承受一些道德上的指责，周遭对这个人的人品的评价也会对当事人的事业和名誉产生影响。

以上分析，不难看出之所以贪心地选择鱼和熊掌兼得的人，恰恰是基于短期内对自己利益最大化、损失最小化的选择。但从长期来看这种平衡状态是很难一直持续的，人性之中的贪婪嫉妒，生活事业上的任何变故都会让这个平衡状态被打破。所以这是一个二选一的单选题。

四、背叛后关系的修复问题

在谈背叛后关系的修复之前，让我们先来看看社会上一定范围、一定程度上存在的两个偏见：第一是在背叛的比例分布上，男人背叛的多，因为男人比女人花心；第二是女人往往能接受男人的身体出轨，而不能接受的是精神出轨。

先说第一个偏见，我们生活中接触的到的相关信息都给我们一些印象：男人就是下半身的动物，他们是更花心、更容易出轨的。很多情感大V，也是无一例外的站在了女人的立场，和她们一起去痛斥这些渣男出轨、劈腿的情境。那么真的是男人出轨更多，更花心吗？事实并不尽然。

假设现在一个女人的男朋友或者老公找了别人，她会怎么做呢？她会找她所有认识的人，闺蜜、朋友、亲人也好，去哭

第十五章 婚姻中常见问题的解决

诉、去事无巨细地痛斥这个男人的种种恶劣行径,女人用倾诉来抒发自己的愤怒情绪,获得情感上的支持,度过这一段难熬的时期。但是男人遇到类似情况,他们的做法截然不同,绝大多数的男人即使心里面再痛,也会选择沉默是金,他不会大张旗鼓地到处宣扬,最多是在难忍的时候可能会找几个哥们一起抽抽烟、喝喝酒。

这种情况的发生有着特定的教育背景,因为男人从小就被教育一定要坚强,痛苦和伤痛都要自己扛过去,四处倾诉是软弱无能的表现。而且,自己的女人跟别人跑了这件事,对他来讲是一件很不体面,很不光彩的事。

这就导致了我们周围听到的故事里面,都是女人口中关于男人"出轨""花心"的故事,自然我们就会觉得好像、貌似男人更花心。其实男人也没有那么多背叛故事,很多事情都是在口口相传中被夸大了。

第二个常有的偏见是,女人往往能接受男人的身体出轨。从一些明星或者知名人物的例子,大家会看到这些男人身体出轨之后只要跟老婆道歉,表示回归家庭,不再犯同样的错误,女人往往都会接纳他们的回归。

为什么有些人认为女人能接受男人的身体出轨,甚至某些女人也觉得身体出轨比起精神出轨要更容易原谅一些呢?这跟两个流传甚广的言论有关，第一：男人作为雄性动物，自古以来为确保自己的基因能够延续，会广泛散播自己的基因，所以男人天生就是花心的，也是无法改变的；第二个言论是：男人上半身和下半身能够分开，能够在对一个女人根本没有动心的情况下与其发生关系。这种观点让女人在发现丈夫出轨的时候，很容易找到一些借口来安抚自己，给丈夫出轨提供一个合理化的理由，把自己的愤怒或者失望抚平，劝自己"毕竟男人大部分都是这个样子的"。

其实如我之前在"婚姻是不是合乎人性的"里面所论述的，人性和动物性是两个不同的东西，不能用动物性的借口来解释人的一些行为。人类发展到今天已经发展出一种延迟满足的能力，或者是为了更重要的人、事情或者一种理想可以牺牲眼前利益的能力。

所以在当今社会的情况下男人出轨其实更多的是一种主动的选择，而不是天性使之。没有什么理所当然应该被原谅的借口。

那么广大女性朋友在面对这种情况下，第一不能无原则的全盘接受，用"男人都是这样子的"理由来自欺欺人；第二也不能把出轨的男人一棍子打死，他出轨一次就一定要离开他，等等，就像我之前讲的，离婚是要经过利弊得失的权衡之后做出的一个理性慎重的选择。

第十五章 婚姻中常见问题的解决

现在我们来谈一下如果婚姻中的一方发生了背叛，两个人又决定继续这段婚姻，那么该如何重建信任，修复亲密关系。

虽然有各种各样的声音会告诉你说："这种事情既然发生了，就不要一味的去指责对方，多思考一下自己身上是不是也有责任。"或者"不要去追问这些细节，这些细节知道了对你也没什么好处"。或者"不要去查岗，不信任对方！这种怀疑，对你们的婚姻关系，亲密关系的信任重建也是没有好处的"，等等。

但是不去追问，不去直面，只是用时间慢慢去淡化，真的能淡化吗？这个事就好比你身体里长了一个肿瘤，如果你不把它彻底切除的话，它就会一直存在。所以说不管是出轨、还是出轨所带来的伤害，如果我们不去修复和处理的话，它就会一直留在那里。

如果我们想要真正重建亲密关系，重建信任，就一定要勇敢直面这样的问题，这是重建信任的基础和前提。直面问题重建信任有三个关键的步骤：

第一步：背叛方或者出轨方在这个阶段，要承担全部责任来表达你所有的歉意和悔恨。因为很多时候出轨方或者背叛方会给自己找种种借口，比如说是你对我不再亲密了，半年没有夫妻生活了，所以我才向外去寻求；因为你不支持理解我了，我碰到了一个更支持理解我的人,等等。

这是没有承担所有责任的表现。既然你是背叛方和过错方,那么你在重建信任的阶段首先要端正态度,承担所有的责任。**不要找任何借口让对方跟你分担这个责任。**

第二步:要坦白告诉对方你所有背叛的过程。只要是她关注的细节,你要做到有问必答。某些时刻你会有顾虑,细节的重新回顾会对对方会造成更大的伤害,但是这个伤害背后,其实她看到的是你的坦诚和诚意悔改的态度,态度决定了行动,态度也是重建信任所必须展现出来。

著名的婚姻情感大师约翰·戈特曼在对一千多对经历过婚姻中背叛又重建的夫妻做了一个调查之后,给出的数据显示,如果一方提问,背叛方能够坦诚回答所有问题,这种情况下修复成功的概率是86%;但是如果对方有所保留,有所隐瞒,拒绝回答的话,修复成功的概率只有59%,差距尤为明显。

但这并不意味着在床上发生亲密关系的细节也要和盘托出。这是在进行修复和沟通之前需要明确好的底线。因为这些亲密的细节会让对方陷入持续的、反复的梦魇。

第三步也是很重要的一步:背叛方或者过错方要有一段时间保证自己接受对方对他的检验和考验。重建信任、消除怀疑需要时间。这段时间内,比如对方会要求知道你详细的行程,手机不能设密码，方便查看你所有的微信和电话记录，甚至你的信用卡账单也会定期去查。这种行为看似侵犯了你的隐私，但在这个特殊的时期，过错方就需要承担起这样的考验和查证，这是重建信任的重要一环。

过错方在此期间一定要把每一个承诺都做到，哪怕细微的小事，诸如说好今晚七点到家，那你就要尽量守约，你信守这些小承诺的时候，对方才会相信你会遵守不再背叛的大承诺。

这是重建信任的三个关键步骤，第一是出轨方承担全部责任。第二是要坦白细节，除了亲密的细节。第三个是接受一段时间的考验。在此后我们才能进入到两个人探讨亲密关系中存在的问题、探讨是否彻底原谅、探讨下一步怎么去重建亲密关系的阶段。

五、孩子的问题

很多女性朋友刚生完宝宝之后说："我工作也很忙，加上照顾孩子，感觉跟我老公独处时间特别少，怎么能让我们两个之间的亲密关系保鲜呢？"

这个问题，首先要明确"保鲜"的内涵，如果还是想回到没有孩子之前浪漫的的二人世界，这几乎无法实现。伴随着孩子的出生，家庭的结构和状态都产生了变化。这个过程是不可逆的。

但是在有了孩子之后，两个人能否建立一种更好的更深层次的亲密关系？这个绝对是有可能发生的。因为你会发现真正深层次好的关系，它是要有过一段同甘共苦的经历，二人世界更多的是同甘，共苦的机会并不多。但抚养孩子长大真的是一个漫长的、艰难的过程。两个人一起照顾孩子，照顾彼此，共同走过这一步，关系有着更大的可能更深入一些。

在这个过程中，我有三点建议想跟大家分享一下：

第一，切换角度看待彼此的爱和付出。在没有孩子之前，对方可能会花费大量时间精力来关注你情绪的好坏、心情的起伏，但在有了孩子之后，他的时间精力势必要有所分割。孩子半夜哭了饿了，他可能会为了让你能睡个好觉，第二天可以精力充沛的上班，偷偷地起来给孩子喂好奶，再抱着孩子入睡。在没有孩子之前，他也许会送你花或很贵重的礼物，或者共同出游沉浸在二人世界的浪漫之中，有了孩子以后，这些事情也许会少一些，但是他每天也在努力的工作，为了还房贷，为了给孩子一个更好的教育、更好的未来。跟前者二人世界的这种风花雪月相比，其实后者是一个更难得的、更深的一种爱和付出，我们一定要换一个角度去看待这种付出，理解这种更加深沉的爱，并且彼此心存感恩之心，两个人的关系就会越来越近。

第二，始终牢记夫妻关系是第一位的。不要因为把亲子关系放在第一位而忽视了夫妻关系，忽略了对方的存在。孩子是非常敏感的，他能感受到父母之间的感情状态，父母相爱对孩子来讲是最好的爱的教育。孩子长大后会不可避免地模仿父母爱的方式，处理情绪的方式，处理矛盾和冲突的方式。

我举两个我自己和朋友的小例子来说明这种情境。我大学恋爱期间，和男朋友感情很好，但是两个人都年轻气盛，难免会有争吵和冲突，每次冲突我都会对他大发脾气，甚至摔东西来表达我的愤怒。有一次他跟我说："真奇怪，我周围的哥们儿的女朋友们一生气都是不说话，严重了就躲在角落里一个人小声地哭，为什么你的方式就这么激烈，不是大发雷霆就是摔东西呢？"这句话促使我进行了反思，我发现在我记忆深处，父母争吵或冲突中，我母亲就是脾气特别暴躁，还会摔东西。因为我没有机会见到其他的成年女性是如何处理矛盾和冲突的，所以我学会的唯一的处理方式就是和我母亲一样，发脾气、摔东西。

第二个例子是我一个男性朋友，每次和他一起走路他都会让我走里面，不容易被车碰到的那一边。即使在车辆很少看上去很安全的路上行走的时候也是这样，无一例外。后来我问他为什么有这个习惯，他说从小他爸和他妈一起走路的时候，他爸就一定会让他妈走里边。所以他觉得这是很自然的事情啊。

这是显性的一些外在行为方式的影响，还有一些更重要的内在的对于异性、对于婚姻的印象，也是深受父母之间的感情影响，乃至更加深刻。如果父母之间互敬互爱，孩子就会学会尊重异性，更容易对异性产生欣赏的态度，反之，如果父母流露出对彼此的不满、埋怨和嫌弃，孩子也更加容易对异性产生先入为主的负面印象；如果父母之间感情很好，亲密和谐，孩子长大后对婚姻就会充满期望，反之，父母之间关系淡漠或者每天争吵不断，孩子长大后就会对婚姻产生畏惧。

所以我建议即使有了孩子之后，夫妻关系也应该是第一人际关系，不能因为孩子忽略了亲密关系。

第三，留给彼此独立的相处时间，哪怕是一周只有一两次，哪怕一次只有一个小时或两个小时，在这期间，彼此可以说说话，发生一些亲密的行为等。这样的小细节对两个人的亲密关系，是大有益处的。

有些人会说单独在一起也没什么话说，聊来聊去还是聊孩子。首先聊孩子也是无可厚非的，这毕竟是两个人最关注的话题。但如果在一个较长的时间内都是除了孩子再无话可说，这时，你需要去想一想，是不是最近一段时间把时间精力全部花在了孩子身上，完全忽略了自己的工作、爱好、社交，等等。

第十五章 婚姻中常见问题的解决

如果情况如此,我建议可以适度恢复自己的生活,因为我们首先是一个独立的人,然后才是孩子的爸爸或者妈妈,我们是在自己的生活中不断地更新自己,接受新鲜事物,我们只有先热爱生活,成为一个丰富的人,才能对另一半有持续的吸引力,也就是所谓的为爱情保鲜。

爱情不是一个抽象的概念,它是由两个人共同构建的,如果两个人都已经不"新鲜"了,由两个人构建的爱情如何"保鲜"呢? 这个问题归根结底和有没有孩子不一定完全相关,即使是没有孩子的情侣或夫妻,在相处了较长的时间之后,如果两个人都没有任何的更新,感情也是难以保鲜的。

在这一章的最后我想和大家分享一组数据:根据约翰·戈特曼的研究数据,婚姻中平均来看69%的问题是解决不了的。**我们决定结婚、决定和另外一个人生活在一起的那一刻就应该做好和这些无法解决的问题共存的准备,而且可能共存10年、20年甚至一辈子。** 这就像很多人在一定的年纪患上了关节炎之类的无法治愈的慢性病,只能通过一些措施缓解病情恶化的速度却无法治愈。但这个慢性病是我们终身都要与之相处的。对于婚姻中的问题,不必过于焦虑,不必畏惧和失望。婚姻不易,且行且面对,且行且珍惜。